HAPPY · SINGLE · KÜCHE ·

Essen + Trinken

INHALT

DIE HAPPY-SINGLE-SPECIALS
FÜR RESTELOSES KOCHVERGNÜGEN

XL-Zutaten von Kürbis bis Schweinebraten clever vorbereiten und portionsweise einfrieren. Am Tag deiner Wahl
eine Portion auftauen und eines von
zwei bzw. vier Rezepten damit kochen.

Brandneue Rezepte nach der »One-Pot-
Formel«: Ein Topf, eine Pfanne oder
ein Blech – mehr braucht es nicht für
yummie Single-Comfortfood.

»Das Kühlschrank-Orakel« verrät dir
bei vielen Rezepten, wie du sie mit
Zutaten variieren kannst, die du gerade
da hast. Einkaufen also überflüssig.

Rezepte, nach deren Zubereitung halbe
Paprikaschoten, Tomatendosen usw.
übrig bleiben, werden durch **Spin-offs**
bzw. **Zusatzrezepte** ergänzt, in denen
genau diese Reste verkocht werden.

QUERBEET VEGETARISCH

FOCACCIA MIT TOMATEN UND GRILLGEMÜSE

Die Focaccia stammt aus Ligurien – die herzhaften Hefeteigfladen werden in ganz Italien gegessen und nach Herzenslust belegt. Finde hier deine Lieblings-Kombi!

Zubereitung: ca. 25 Min.
Gehzeit: ca. 1 Std.
Backzeit: ca. 25 Min.
Pro Portion: 670 kcal

½ TL Trockenhefe
150 g Mehl
Salz
Zucker
8 Kirschtomaten
1 kleiner Zucchino
1 kleine rote Zwiebel

1 Knoblauchzehe
1 TL Sonnenblumenöl
½ TL getrockneter Rosmarin
1 TL Olivenöl
einige Spritzer Aceto balsamico
schwarzer Pfeffer (grob gemahlen)

1 Hefe, Mehl, 1 gehäufte Msp. Salz, 1 Prise Zucker und 100 ml lauwarmes Wasser in eine Schüssel geben und alles zu einem glatten Teig verkneten. Diesen ca. 1 Std. zugedeckt an einem warmen Ort gehen lassen.

2 Inzwischen die Kirschtomaten waschen und halbieren. Den Zucchino putzen, waschen und längs in dünne Streifen schneiden. Die Zwiebel schälen und in dünne Spalten schneiden. Den Knoblauch ebenfalls schälen und dann in dünne Scheiben schneiden.

3 Eine Grillbratpfanne mit etwas Sonnenblumenöl einpinseln und erhitzen. Zucchinistreifen nebeneinander in die Pfanne legen und von beiden Seiten kurz grillen. Die Zwiebeln und den Knoblauch zugeben und kurz mitgrillen. Das Grillgemüse mit Salz würzen und vom Herd nehmen.

4 Den Backofen auf 220° vorheizen. Den Teig nach der Gehzeit gut durchkneten und auf der bemehlten Arbeitsfläche zu einem Rechteck (ca. 16 × 20 cm) ausrollen. Dieses auf ein mit Backpapier belegtes Backblech geben und mit den Fingern 16 Mulden hineindrücken. Die Tomaten mit den Schnittflächen nach oben hineinsetzen und den Rosmarin daraufstreuen. Focaccia mit Salz bestreuen und ca. 25 Min. im heißen Ofen (2. Schiene von unten) backen.

5 Das Grillgemüse auf der Focaccia verteilen. Diese mit Olivenöl und Essig beträufeln, mit Pfeffer übermahlen und genießen.

DAS KÜHLSCHRANK-ORAKEL

- **Antipasti:** Kein frisches Gemüse im Haus? Statt Tomaten und Zucchino schmecken auch eingelegte Antipasti wie Oliven, getrocknete Tomaten oder Artischocken toll. Einfach mal schauen, ob noch angefangene Gläser im Kühlschrank stehen …

- **Kräuter:** Statt Rosmarin schmecken auch getrockneter Oregano oder Thymian … oder einfach ein paar Blättchen Rucola (diese nach dem Backen auf der Focaccia verteilen). Bei Kräutern gilt generell: Falsch gibt es nicht – erlaubt ist, was schmeckt.

- **Wunschbelag:** Reste vom Parmaschinken oder der italienischen Salami im Kühlschrank? Noch ein bisschen getrocknete Chili im Gewürzregal? Dann ab damit auf die Focaccia – so schmeckt sie jedes Mal neu.

KALTE GURKEN-JOGHURT-SUPPE MIT MINZE

Für heiße Tage kommt hier ein leichter Sattmacher mit reichlich frischen Zutaten. Die Suppe eignet sich auch prima als Vorspeise für zwei.

Zubereitung: ca. 15 Min.
Pro Portion: 550 kcal

1 Mini-Gurke
1 Knoblauchzehe
3 Stängel Minze (ersatzweise
  1 TL getrocknete Minze, evtl.
  aus einem Teebeutel)
200 g Joghurt (3,5 % Fett)

50 ml lauwarme Gemüsebrühe
½ TL flüssiger Honig
Salz
Cayennepfeffer
3 Scheiben Baguette
2 EL Olivenöl

1 Die Gurke schälen und klein würfeln. Knoblauch schälen und hacken. Die Minze waschen, trocken tupfen und die Blättchen, bis auf einen kleinen Rest zum Garnieren, fein hacken.

2 Vorbereitete Zutaten zusammen mit Joghurt, Brühe und Honig in einen hohen Rührbecher geben und mit dem Pürierstab fein pürieren. Die Suppe mit Salz und Cayennepfeffer würzen und bis zum Servieren kalt stellen.

3 Kurz vor dem Servieren die Baguettescheiben mit 1 EL Olivenöl rundherum bestreichen und in einer Pfanne unter Wenden goldbraun rösten.

4 Die Suppe in einen tiefen Teller geben, mit dem restlichen Olivenöl beträufeln, mit übriger Minze garnieren und loslöffeln. Das geröstete Baguette dazu genießen.

DAS KÜHLSCHRANK-ORAKEL

- **Kefir und Buttermilch:** Ist der letzte Rest Joghurt heute Morgen im Müsli gelandet? Kein Problem – einfach die gleiche Menge Kefir oder Buttermilch verwenden.

- **Kräuter:** Statt Minze schmecken Dill, Schnittlauch oder Petersilie auch sehr lecker – oder einfach etwas frische Kresse über die fertige Gurken-Joghurt-Suppe geben.

- **Wunschbelag:** Ein hart gekochtes Ei, ein Scheibchen Räucherlachs oder ein Löffel Krabben vom Abendbrot übrig? Als feines Suppentopping kommen diese Zutaten hier zu neuen und sehr feinen Ehren!

SPIN-OFF AVOCADO, RÖMERSALAT, TOFU UND ORANGEN-TAHIN-SAUCE

AVOCADO UND RÖMERSALAT

- Für das Aufheben von Avocadoresten gilt: Den Stein in der übrigen Hälfte lassen, die Schnittfläche mit Zitronensaft bepinseln und die Avocadohälfte in einer dicht schließenden Kunststoffdose im Kühlschrank aufbewahren.
- Römersalat ist 3–4 Tage im Kühlschrank haltbar. Dazu die Köpfe oder übrigen Blätter leicht mit Wasser befeuchten und in einen Gefrierbeutel geben. Den Beutel aufblasen und verknoten und ins Gemüsefach legen.

TOFU

- Den nicht verwendeten Tofu in Frischhaltefolie wickeln und im Kühlschrank aufbewahren.
- Neutraler Tofu ohne Kräuter und Gewürze lässt sich auch sehr gut in einer Kunststoffdose mit kaltem Wasser bedecken und im Kühlschrank lagern. So bleibt er schön saftig. Gewürzter Tofu würde bei dieser Methode deutlich an Geschmack verlieren.

ORANGEN-TAHIN-SAUCE

- Für die Bowl-Sauce brauchst du eine Orange. Für restloses Glück zauberst du daraus gleich die doppelte Menge Orangen-Tahin-Sauce. Eine Hälfte kommt in die Rainbow-Bowl (s. S. 12), der Rest wird im Kühlschrank in einem Schraubglas aufbewahrt und verleiht dem Tofu-Burger (s. S. 13) im Handumdrehen originelle Würze – ganz ohne Convenience.

RAINBOW-BOWL MIT RÄUCHERTOFU

Bowls sind der neue Trend! Ursprünglich kommen sie aus Hawaii, jetzt wickeln die leckeren Schüsseln aber auch uns mit gesunden und megaleckeren Zutaten um den Finger.

Zubereitung: ca. 25 Min.
Pro Portion: 825 kcal

1 Ei
50 g Instant-Couscous
Salz
1 Msp. Zimtpulver
100 g Räuchertofu
1 Mini-Römersalat
1 Mini-Gurke
½ Avocado
1 TL Zitronensaft
1 Tomate
1 Orange
2 EL Tahin (Sesampaste)
1 Knoblauchzehe
1 TL mittelscharfer Senf
Cayennepfeffer
1 EL Olivenöl

1 Das Ei in einem Topf mit Wasser bedecken, dieses zum Kochen bringen und das Ei darin in ca. 8 Min. hart kochen. Das Ei aus dem Topf heben, kalt abschrecken und auskühlen lassen.

2 Den Couscous mit je 1 Msp. Salz und Zimt in einer kleinen Schüssel vermengen, knapp mit kochendem Wasser bedecken, umrühren und ca. 5 Min. zugedeckt quellen lassen.

3 Den Räuchertofu in Scheiben schneiden. Vom Römersalat drei große Blätter lösen, zur Seite legen und für den Tofu-Burger (s. S. 13) verwenden. Restlichen Salat putzen, waschen, trocken schleudern und in Streifen schneiden.

4 Die Gurke schälen und in Scheiben schneiden. Avocadofruchtfleisch mit einem Löffel aus der Schale heben, in dünne Scheiben schneiden und mit Zitronensaft beträufeln. Die Tomate waschen und in Scheiben schneiden.

5 Orange halbieren und auspressen. Orangensaft und Tahin in einer Tasse mit dem Schneebesen glatt verrühren. Die Knoblauchzehe schälen und dazupressen. Den Senf unterrühren und die Orangen-Tahin-Sauce mit Cayennepfeffer und Salz abschmecken.

6 Couscous mit einer Gabel auflockern. Das Ei pellen und vierteln. Römersalatstreifen in eine Schüssel (Bowl) geben, mit dem Olivenöl beträufeln und mit Salz würzen. Couscous, Gurke, Tofu, Avocado, Ei und Tomatenscheiben darauf anrichten. Die Rainbow-Bowl mit der Hälfte der Sauce beträufeln, den Rest für den Tofu-Burger (s. S. 13) verwenden. Die Bowl genießen.

TOFU-BURGER

Zubereitung: ca. 10 Min.
Pro Portion: 730 kcal

100 g Räuchertofu
1 TL Öl
½ Avocado
1 TL Limettensaft
  (ersatzweise Zitronensaft)
1 Tomate
3 große Mini-Römersalatblätter
1 Burger-Brötchen
  (ersatzweise 1 Sesambrötchen)
½ Portion Orangen-Tahin-Sauce (s. S. 12)
Salz
Pfeffer

1 Den Tofu in Scheiben schneiden. Das Öl in einer Pfanne erhitzen und den Tofu darin von beiden Seiten goldbraun anbraten. Dann den Tofu in der Pfanne zur Seite stellen.

2 Aus der Avocadohälfte den Stein entfernen. Das Fruchtfleisch mit einem Esslöffel aus der Schale lösen, in dünne Scheiben schneiden und mit Limettensaft beträufeln. Tomate waschen, vom Stielansatz befreien und in Scheiben schneiden. Die Salatblätter bei Bedarf putzen, waschen und gut trocken tupfen.

3 Brötchen quer halbieren und die Schnittflächen mit etwas Orangen-Tahin-Sauce bestreichen. Untere Brötchenhälfte mit Römersalatblättern, den Tofu-, Avocado- und Tomatenscheiben belegen. Den Burger-Belag mit Salz und Pfeffer würzen und mit übriger Sauce beträufeln. Die obere Brötchenhälfte auflegen, den Burger nach Belieben halbieren und genießen.

HAPPY TO-GO-TIPP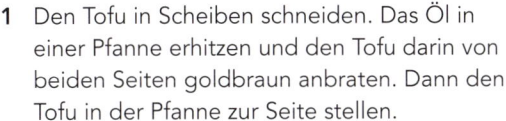

Gerade bei hochsommerlichen Temperaturen ist der Tofu-Burger ein feines Büro-Mittagessen. Zum Mitnehmen kannst du ihn am Vorabend wie beschrieben fertig belegen – nur Tomatenscheiben und Sauce weglassen. Den Burger in Alufolie gewickelt im Kühlschrank lagern. Die Sauce in ein kleines dichtes Schraubglas füllen und bis zum Mitnehmen kalt stellen. Die Tomate am besten ganz lassen und erst im Büro aufschneiden. Dort die obere Brötchenhälfte abnehmen. Einen Teil der Orangen-Tahin-Sauce auf die untere belegte Brötchenhälfte träufeln, dann mit Tomatenscheiben belegen und die restliche Sauce darüberträufeln.

BUNTER GARTENSALAT MIT KRÄUTER-DRESSING

Kunterbunt und üppig platziert sich der knackige Salatmix auf dem
Teller und liegt dabei überhaupt nicht schwer im Magen.

Zubereitung: ca. 25 Min.
Pro Portion: 480 kcal

50 g TK-Erbsen
Salz
3 Radieschen
1 Mini-Gurke
1 kleine Schalotte
1 TL Essig (z. B. Kräuteressig)
½ Pck. TK-Gartenkräuter (ca. 20 g)
1 TL mittelscharfer Senf

3 EL warme Gemüsebrühe
Pfeffer
1 Prise Zucker
1 kleiner Kopfsalat (ca. 200 g)
1 TL Salatmayonnaise
1 EL Sonnenblumenöl
1 Baguettebrötchen

1 Die Erbsen in wenig kochendem Salzwasser
ca. 2 Min. garen, abgießen, kalt abschrecken
und abtropfen lassen.
2 Die Radieschen putzen, waschen und in dünne
Scheiben schneiden. Die Gurke schälen, längs
vierteln und quer in kleine Stücke schneiden.
Schalotte schälen und fein würfeln.
3 Essig, Schalotte, TK-Gartenkräuter, Senf, Brühe,
Pfeffer und Zucker in einer Salatschüssel gut
verrühren und kurz ziehen lassen.
4 Vom Kopfsalat die äußeren Blätter entfernen.
Den Salatkopf in einzelne Blätter teilen, diese
putzen, waschen, trocken schleudern und in
mundgerechte Stücke zupfen.
5 Die Mayonnaise und das Sonnenblumenöl in
die Essig-Kräuter-Mischung rühren. Salatsauce
mit Salz, Pfeffer und Zucker abschmecken.
6 Salat, Erbsen, Gurke und Radieschen in die
Schüssel zur Salatsauce geben und alle Zutaten
gut vermengen. Das Brötchen dazu genießen.

DAS KÜHLSCHRANK-ORAKEL

- **Gemüse und Obst:** Die halbe Paprika, die
gestern beim Abendbrot übrig geblieben ist,
klein schnippeln und rein damit in den Salat!
Rucolareste, ein paar Trauben oder ein halber
Apfel liegen im Kühlschrank? Lecker! Auch
bei den Kopfsalaten kannst du fremdgehen.
Je nach Jahreszeit schmecken auch Feldsalat,
Radicchio, Endivie oder Chicorée sehr fein.
- **Kräuter:** Auch hier kannst du locker bleiben.
Pack ruhig deine frischen Lieblingskräuter in
den Salat. Basilikum, Kerbel, Melisse, Minze,
Schnittlauch und Petersilie sind wunderbar
geeignet. Frisch oder TK? Ganz egal!
- **Dressing:** Aceto balsamico, Apfel-, Weißwein-,
Rotwein- oder Himbeeressig – ins Dressing
kommt der Essig, der gerade im Vorratsschrank
steht. Kein Essig im Haus? Ein Löffelchen
Zitronensaft tut es auch. Du liebst süßen oder
körnigen Senf? Rein in die Salatsauce. Statt
Zucker schmeckt auch Honig oder Konfitüre.
Noch einen Klecks Joghurt im Kühlschrank?
Herrlich – er macht die Sauce anstelle der
Mayonnaise schön frisch.

SPÄTZLE-APFEL-SALAT
MIT SENFSAUCE

Die schwäbischen Nudeln haben einen kernigen Biss und eignen sich wunderbar
für diesen deftigen Salat mit Gewürzgurke, Senf und knackigem Apfel.

Zubereitung: ca. 20 Min.
Pro Portion: 450 kcal

1 Gewürzgurke
1 kleine Schalotte
1 kleiner rotschaliger Apfel
1 EL Weißweinessig
3 EL warme Gemüsebrühe
1 TL mittelscharfer Senf

Salz
Pfeffer
1 EL TK-Gartenkräuter
1 EL Sonnenblumenöl
80 g getrocknete Spätzle

1 Die Gewürzgurke längs halbieren und in dünne
Scheiben schneiden. Die Schalotte schälen und
in dünne Ringe schneiden. Den Apfel waschen,
vierteln und entkernen. Das Fruchtfleisch in
dünne Spalten schneiden.
2 Essig, Brühe und Senf in einem Schälchen
verrühren und mit Salz und Pfeffer würzen.
Die Kräuter und das Öl unterrühren.
3 300 ml Salzwasser in einem Topf zum Kochen
bringen, Spätzle hineingeben und bei niedriger
Hitze offen garen, bis die Flüssigkeit verdampft
ist. Dabei regelmäßig umrühren. Topf vom Herd
nehmen und die Spätzle etwas abkühlen lassen.
4 Apfel, Gurke, Schalotte und die Senfvinaigrette
unter die Spätzle heben und den Salat lauwarm
abkühlen lassen. Den Salat mit Salz und Pfeffer
abschmecken und auf einem Teller anrichten.

PLAN-B-TIPPS ⇄

Wer Obst im Essen nicht mag, lässt den Apfel
einfach weg oder ersetzt ihn durch klein
geschnippelte Möhren, Radieschen oder etwas
Blattsalat. Liebhaber der deftigen Küche braten
sich eine Bratwurst zum Spätzlesalat.
Noch schneller geht der Salat, wenn du frische
Spätzle aus dem Kühlregal verwendest. Diese
einfach nach Packungsangabe in kochendem
Salzwasser, in der Pfanne oder in der Mikrowelle garen und mit den übrigen Salatzutaten
mischen. Frische Spätzle gibt es jedoch haupt-
sächlich in 400-g-Packungen zu kaufen. Für den
Salat reichen 200 g aus. Aber am nächsten Tag
wandern die restlichen Spätzle mit etwas Butter
und Wasser in eine Pfanne, 80 g gewürfelten
Bergkäse oder Emmentaler dazugeben, Deckel
drauf und ab und zu umrühren. Fertig sind die
Käsespätzle, wenn der Käse geschmolzen ist und
Fäden zieht. Käsespätzle mit Pfeffer übermahlen,
nach Belieben Röstzwiebeln aufstreuen und mit
einem knackigen Blattsalat dazu genießen.

SOMMERLICHER COUSCOUSSALAT MIT HIMBEEREN

Dieser leichte Salat punktet mit reichlich knackigem Gemüse und Obst sowie mit jeder Menge Geschmack. Zusatzplus: Schnell gemacht ist er außerdem.

Zubereitung: ca. 20 Min.
Pro Portion: 480 kcal

200 ml Gemüsebrühe
50 g Instant-Couscous
1 Möhre
1 Mini-Gurke
1 Mini-Römersalat
1 kleine Orange

1 TL mittelscharfer Senf
1 Knoblauchzehe
Salz
Pfeffer
2 EL Olivenöl
5 Himbeeren

1 Die Brühe zum Kochen bringen. Den Couscous in eine mittelgroße Schüssel geben. Die heiße Brühe zugießen, umrühren und den Couscous ca. 5 Min. zugedeckt quellen lassen. Dann den gegarten Couscous mit einer Gabel auflockern und etwas abkühlen lassen.

2 Inzwischen die Möhre putzen, schälen und grob raspeln. Gurke schälen und in Stifte schneiden. Dann den Römersalat putzen, waschen, trocken schleudern und in Streifen schneiden.

3 Die Orange halbieren und den Saft auspressen. Den Saft zusammen mit dem Senf in ein Schälchen geben und verrühren. Knoblauch schälen und dazupressen. Dressing mit Salz und Pfeffer würzen und das Öl unterrühren.

4 Salatstreifen, Möhre und Gurke locker unter den Couscous heben und mit der Vinaigrette beträufeln. Himbeeren verlesen, bei Bedarf abbrausen und abtropfen lassen. Den Salat mit Himbeeren belegen und genießen.

DAS KÜHLSCHRANK-ORAKEL ◉

- **Sattmacher-Körnchen:** Couscous ist aus, dafür steht aber noch eine angebrochene Packung Bulgur, Hirse oder Quinoa in deinem Küchenschrank. Perfekt. Gar die Körnchen deiner Wahl nach Packungsanweisung und misch sie mit den anderen Salatzutaten wie im Rezept beschrieben.

- **Gemüsetausch:** Statt Möhre und Gurke schmeckt auch eine klein gewürfelte Avocado im Salat. Nimm ein kleines Exemplar, dann ist sie für die Single-Portion perfekt.

- **Käse dazu:** Bei großem Hunger oder entsprechender Vorratslage im Kühlschrank noch ein Stück Feta, gebratenen Halloumi oder Ziegenkäse zum Salat servieren.

XL-MÖHREN

FÜR SINGLES

EINKAUFEN UND LAGERN

- Möhren werden im Supermarkt häufig in Beuteln zu 1 kg angeboten – das reicht für vier Single-Portionen. Beim Einkauf solltest du darauf achten, dass sie prall und knackig sind und keine Verfärbungen aufweisen.
- Möhren halten sich in diesem Kunststoffbeutel oder einer Gemüsebox im Gemüsefach des Kühlschranks ca. 8 Tage frisch.

VORGAREN

- Für warme Gerichte mit gekochten Möhren können die Möhren gut vorgegart werden. Dazu die Möhren putzen, schälen und in Stücke schneiden. Die Möhrenstücke knapp mit Salzwasser bedecken, zum Kochen bringen und in ca. 5 Min. bissfest garen.
- Die gegarten Möhren in ein Sieb abgießen, abtropfen sowie vollständig auskühlen lassen und in Portionen mit je 250 g teilen.

TIEFKÜHLEN UND VERWENDUNG

- Jede Portion in einen Gefrierbeutel geben, die Luft in den Beuteln herausdrücken, diese verschließen und ins Tiefkühlfach legen. So kannst du die Möhren ca. 2 Monate bevorraten und bei Bedarf rasch zugreifen.
- Die vorgegarten Möhren auftauen lassen und z. B. Basilikum-Möhren mit Mandel-Curry-Reis, Möhren-Kokos-Suppe oder herzhafte Möhrenplätzchen (Rezepte s. S. 22/23) daraus zaubern.

ORIENTALISCHER MÖHRENSALAT

Zubereitung: ca. 15 Min. · Pro Portion: 760 kcal

250 g Möhren · ½ Bund Petersilie · 2 Frühlingszwiebeln · 5 Datteln · 1 TL Zitronensaft · Salz · Pfeffer · 2 EL Olivenöl · 100 g Schafskäse (Feta) · 1 kleines Fladenbrot

1 250 g Möhren putzen, schälen und grob raspeln. Petersilie waschen, trocken schütteln und die Blättchen fein hacken. Die Frühlingszwiebeln putzen, waschen und in dünne Ringe schneiden. Die Datteln längs halbieren.
2 Zitronensaft, Salz, Pfeffer und 2 EL Wasser verrühren. Das Öl unterrühren und die Vinaigrette mit den Möhrenraspeln, Petersilie und Frühlingszwiebeln vermengen. Feta mit einer Gabel zerbröckeln. Den Salat mit Datteln und Feta bestreuen. Dazu das Fladenbrot reichen.

BASILIKUM-MÖHREN MIT MANDEL-CURRY-REIS

Zubereitung: ca. 25 Min. · Pro Portion: 485 kcal

250 g Möhren (ersatzweise 250 g aufgetaute, vorgegarte TK-Möhren) · 2 TL Butter · Salz · Pfeffer · 50 g Basmati-Reis · 160 ml Gemüsebrühe · 1 EL Mandeln · ½ TL Currypulver · 2 EL Frischkäse · 2 EL TK-Basilikum

1 Die Möhren putzen, schälen und klein würfeln. 1 TL Butter erhitzen, Möhren darin ca. 5 Min. dünsten. 50 ml Wasser zugeben, Möhren 3 Min. weiterdünsten, salzen und pfeffern.
2 Den Reis zusammen mit der Brühe in einen Topf geben, aufkochen und so lange köcheln, bis die Flüssigkeit verdampft ist.
3 Die Mandeln hacken und in einer Pfanne ohne Fett rösten. Restliche Butter, Currypulver und Mandeln unter den Reis rühren.
4 Frischkäse und Basilikum zu den gegarten Möhren geben (TK-Möhren erst jetzt zufügen) und erwärmen. Gemüse mit Salz und Pfeffer abschmecken. Basilikum-Möhren und Reis auf einem Teller anrichten und genießen.

MÖHREN-KOKOS-SUPPE

Zubereitung: ca. 15 Min. · Pro Portion: 570 kcal

250 g Möhren (ersatzweise 250 g aufgetaute, vorgegarte TK-Möhren) · 1 kleine Schalotte · 1 Stück Ingwer (ca. 2 cm lang) · 1 kleine Knoblauchzehe · 1 EL Olivenöl · 1 TL Tomatenmark · 300 ml Gemüsebrühe · 200 g Kokosmilch · Salz · Pfeffer

1 Die Möhren putzen, schälen und dann in kleine Stücke schneiden. Schalotte, Ingwer und Knoblauch schälen und fein hacken.
2 Das Öl in einem Topf erhitzen und Schalotte, Ingwer und Knoblauch darin anrösten. Tomatenmark unterrühren und die Möhren zugeben. Das Gemüse mit Gemüsebrühe ablöschen und zugedeckt bei mittlerer Hitze in ca. 8 Min. (die TK-Möhren nur 3 Min.) weich garen.
3 Die Möhren im Topf fein pürieren. Die Kokosmilch zugießen, die Suppe aufkochen und mit Salz und Pfeffer würzen.

HERZHAFTE MÖHRENPLÄTZCHEN

Zubereitung: ca. 25 Min. · Pro Portion: 905 kcal

250 g Möhren (ersatzweise 250 g aufgetaute, vorgegarte TK-Möhren) · 1 Zwiebel · 20 g Parmesan · 3 EL Olivenöl · 75 g gemahlene Mandeln · 1 TL mittelscharfer Senf · 1 TL getrockneter Oregano · 1 EL Speisestärke · Salz · Pfeffer

1 Möhren putzen, schälen und klein schneiden. Zwiebel schälen und hacken. Parmesan reiben.
2 In einem Topf 1 EL Öl erhitzen und die Zwiebel darin andünsten. Möhren dazugeben, mit 100 ml Wasser ablöschen und offen bei mittlerer Hitze ca. 10 Min. garen (TK-Möhren nur 7 Min.). Möhren abgießen, in einer Schüssel mit einem Kartoffelstampfer zerstampfen. Mandeln, Parmesan, Senf, Oregano, Stärke, ½ TL Salz und Pfeffer zugeben und verrühren.
3 Mit angefeuchteten Händen aus dem Teig vier flache Plätzchen formen. Dann in einer beschichteten Pfanne das restliche Öl erhitzen und die Plätzchen darin bei niedriger Hitze von beiden Seiten in 8–10 Min. braten.

SPIN-OFF KICHERERBSEN, LAUCH UND FETA

KICHERERBSEN

- Die kleinen Energiepakete schmecken lecker, sind vielseitig einsetzbar und schnell zubereitet. Sie werden meist vorgegart verwendet. Eine Dose (400 g) reicht für zwei Single-Gerichte.
- Übrige Kichererbsen mit der Garflüssigkeit in ein Kunststoffgefäß geben, zugedeckt in den Kühlschrank stellen und innerhalb der nächsten 3 Tage verbrauchen.

LAUCH

- Lauch, auch Porree genannt, kommt in unterschiedlichen Größen daher. Eine dicke Stange reicht für zwei Mahlzeiten, eine dünne Stange macht eine Person satt.
- Gegart und luftdicht verpackt hält sich Lauch ca. 2 Tage im Kühlschrank.

FETA

- Fetakäse gibt vielen Gerichten frische Würze. Er wird in 150- oder 200-g-Päckchen angeboten – zu viel für eine Single-Portion.
- Zum Bevorraten den Feta aus der Packung nehmen und in Frischhaltefolie wickeln. So kannst du ihn ca. 4 Tage im Kühlschrank aufbewahren. Man kann ihn auch in ein Schälchen geben und mit etwas Olivenöl übergießen – Hauptsache es kommt keine Luft an den Käse.

LAUWARMER PILZSALAT MIT GEBRATENEM FETA

Kichererbsen sind die ideale Besetzung für einen leckeren Salat – auch prima für unterwegs und als Büro-Lunch, weil er umso besser schmeckt, je länger er durchzieht, und nichts durchweicht.

Zubereitung: ca. 30 Min.
Pro Portion: 670 kcal

1 dünne Stange Lauch
1 Knoblauchzehe
100 g Austernpilze
5 Kirschtomaten
½ Dose Kichererbsen
  (ca. 130 g Abtropfgewicht)
2 EL Olivenöl
Salz
Pfeffer
½ TL getrockneter Thymian
1 TL Crema di balsamico
ca. 130 g Schafskäse (Feta)
1 gehäufter EL Mehl

1 Den Lauch putzen, gründlich waschen und schräg in dünne Ringe schneiden. Knoblauch schälen und fein hacken. Pilze putzen und in Streifen schneiden. Die Tomaten waschen und halbieren. Kichererbsen in ein Sieb abgießen, kalt abspülen und abtropfen lassen.

2 In einer beschichteten Pfanne 1 EL Öl erhitzen und die Pilze darin ca. 5 Min. kräftig anbraten. Knoblauch zugeben und kurz mitbraten. Pilze mit Salz, Pfeffer und Thymian würzen, aus der Pfanne nehmen und in eine Schüssel geben.

3 Lauchringe in die heiße Pfanne geben und unter Wenden kräftig anbraten. Lauch mit Salz und Pfeffer würzen, 125 ml Wasser zugeben und das Gemüse ca. 4 Min. offen schmoren lassen, bis die Flüssigkeit verdampft ist.

4 Die Hälfte des Lauchs in eine verschließbare Kunststoffdose geben, abkühlen lassen, kalt stellen und für die Küchlein (s. S. 27) oder für ein anderes Rezept verwenden.

5 Kichererbsen und Tomaten zu den Pilzen in die Schüssel geben. Restlichen Lauch unterheben. Den Salat mit Salz und Pfeffer würzen und mit Crema di balsamico beträufeln.

6 Feta mit Küchenpapier trocken tupfen. Mehl auf einen flachen Teller geben. Feta rundherum sorgfältig im Mehl wenden. Übriges Mehl vorsichtig abklopfen. In der beschichteten Pfanne das restliche Öl erhitzen und den Feta darin bei niedriger Hitze unter einmaligem Wenden in 6–8 Min. goldbraun braten. Den Feta auf dem Salat anrichten und genießen.

Am nächsten Tag gibt's …

KICHERERBSEN-KÜCHLEIN MIT SALAT

Zubereitung: ca. 30 Min.
Pro Portion: 750 kcal

½ Dose Kichererbsen
  (ca. 130 g Abtropfgewicht)
½ Portion gegarter Lauch (s. S. 26)
4 EL blütenzarte Haferflocken
1 EL Speisestärke
Salz
Pfeffer
ca. 70 g Schafskäse (Feta)
3 EL Olivenöl
1 TL Essig (z. B. Weißweinessig)
2 EL warme Gemüsebrühe
1 TL mittelscharfer Senf
1 EL TK-Petersilie
50 g Pflücksalat

1 Kichererbsen in ein Sieb abgießen, kalt abspülen und abtropfen lassen. Gegarten Lauch fein hacken. Kichererbsen mit einer Gabel fein zermusen und mit Lauch, 1 EL Haferflocken und Stärke sorgfältig vermengen. Die Masse mit Salz und Pfeffer würzen. Den Feta in kleine Würfel schneiden und unterkneten.

2 Aus der Masse vier flache Küchlein formen und diese in den restlichen Haferflocken wenden.

3 2 EL Öl in einer beschichteten Pfanne erhitzen und die Küchlein darin bei niedriger Hitze von beiden Seiten in 12–14 Min. goldbraun braten.

4 Inzwischen Essig, Gemüsebrühe, Senf, Salz, Pfeffer, TK-Petersilie und restliches Olivenöl in einer Salatschüssel verrühren.

5 Den Pflücksalat putzen, waschen und trocken schleudern. Vinaigrette mit dem Blattsalat vermengen und den Salat zu den Küchlein essen.

PLAN-B-TIPP ⇄

Du magst es heute lieber deftig? Dann bau dir doch einen XL-Burger. Aus dem Küchleinteig ein großes Patty in Größe eines XL-Burger-Buns formen und braten. Und dann den Burger nach Herzenslust belegen. Entweder ganz klassisch mit Salatblatt, Tomate, Mayo oder Senf und Zwiebelringen. Oder darf es orientalisch werden? Dann pack zum Patty noch gegrillte Auberginen- oder Zucchinischeiben sowie Tomatenscheiben und rühr dir aus Joghurt und Harissa oder Tomatenmark, Salz, Kreuzkümmel und Chili eine Burgersauce für superfeinen Burgergenuss.

MINESTRONE MIT PARMESAN

Wenn Gemüsesuppen so lecker italienisch daherkommen, wird auch der
größte Suppenmuffel schwach – ran an den Kochtopf!

Zubereitung: ca. 30 Min.
Pro Portion: 685 kcal

1 große Möhre
1 dünne Stange Lauch
2 Knoblauchzehen
3 EL Olivenöl
1 TL Tomatenmark
350 ml Gemüsebrühe
1 TL getrocknete italienische Kräuter

1 Lorbeerblatt
100 g TK-Erbsen
3 Scheiben Baguette
Salz
Pfeffer
20 g Parmesan

1 Die Möhre putzen, schälen, längs halbieren
   und quer in dünne Scheiben schneiden. Lauch
   putzen, gründlich waschen und schräg in dünne
   Ringe schneiden. 1 Knoblauchzehe schälen und
   in Scheiben schneiden.

2 2 EL Öl in einem Topf erhitzen und die Möhre
   und den Lauch darin kräftig anbraten. Knoblauch zugeben und kurz mitbraten. Das Tomatenmark einrühren und kurz andünsten. Den
   Topfinhalt mit Brühe ablöschen und zum Kochen bringen. Kräuter und Lorbeerblatt dazugeben und die Suppe zugedeckt bei niedriger
   bis mittlerer Hitze ca. 12 Min. köcheln lassen.

3 Die gefrorenen Erbsen zur Suppe geben und
   diese zugedeckt weitere 3 Min. köcheln.

4 Inzwischen die Baguettescheiben von beiden
   Seiten mit restlichem Öl bestreichen und in
   einer Pfanne bei mittlerer Hitze unter Wenden
   goldbraun rösten. Übrigen Knoblauch schälen,
   halbieren und die Brote damit einreiben.

5 Minestrone mit Salz und Pfeffer abschmecken.
   Den Parmesan reiben. Die Suppe in einen tiefen Teller geben, mit dem Parmesan bestreuen
   und das geröstete Baguette dazu genießen.

DAS KÜHLSCHRANK-ORAKEL ⊚

- **Gemüse:** In einer Minestrone können allerlei
  Gemüsereste lecker verwertet werden. Ob
  Paprika, Zucchini, Süßkartoffeln, Weißkohl
  oder Wirsing, egal: je mehr, desto besser.

- **Wurst und Fisch:** Auch der kleine Rest Salami
  oder das Scheibchen Frühstücksspeck verleiht
  der Suppe klein gewürfelt Würze. Genauso
  geräucherte Makrele. Gerne rein damit.

- **Topping:** Noch ein Stückchen Feta im
  Kühlschrank? Statt Parmesan einfach darüberbröckeln … lecker! Oder soll das Pestoglas
  endlich mal leer gemacht werden? Dann
  gerne einen Klecks davon zum Schluss mit in
  den Suppenteller geben.

XL-KÜRBIS

FÜR SINGLES

WARENKUNDE

- Ein Hokkaido-Kürbis ist das optimale Single-Gemüse. Es gibt ihn praktischerweise in unterschiedlichen Größen. Die Minis wiegen manchmal nur etwa 600 g, die größeren Exemplare bringen oft mehr als 1 kg auf die Waage.
- Ein Hokkaido-Kürbis hält sich im Ganzen in der Speisekammer 3 Wochen frisch und muss noch nicht einmal geschält werden.

VORBEREITEN

- Hokkaido-Kürbis (ca. 1,1 kg) waschen, trocken reiben, vierteln und mit einem Löffel die Kerne herauskratzen. Ein Viertel in dieser Größe ist perfekt für eine Single-Mahlzeit.
- Der angeschnittene Kürbis hält sich luftdicht verpackt ca. 1 Woche im Kühlschrank frisch oder du verlängerst die Haltbarkeit ganz einfach, indem du den Kürbisrest tiefkühlst.

TIEFKÜHLEN

- Dafür die drei übrigen Kürbisviertel in Stücke schneiden und in drei Portionen einfrieren. Falls nur kleine Mengen Kürbis gebraucht werden: Kürbiswürfel auf einem Teller vorgefrieren und erst dann in Gefrierbeutel füllen, Luft in den Beuteln herausdrücken, diese verschließen und ins Tiefkühlfach legen. So haften die Würfel nicht aneinander und können einzeln entnommen werden.

KÜRBIS-TABOULEH

Zubereitung: ca. 25 Min. · Pro Portion: 455 kcal

50 g Instant-Couscous · 3 Frühlingszwiebeln · ¼ Hokkaido-
Kürbis (ersatzweise 250 g aufgetauter TK-Kürbis) ·
1 EL Sonnenblumenöl · Salz · Pfeffer · 1 Msp. Zimtpulver ·
100 ml Gemüsebrühe · 5 Kirschtomaten

1 Den Couscous in eine Schüssel geben, knapp
  mit kochendem Wasser bedecken, umrühren
  und ca. 5 Min. quellen lassen.
2 Zwiebeln putzen, waschen und klein schneiden.
  Kürbisstück waschen, trocken reiben, entkernen
  und klein würfeln. Öl in einem Topf erhitzen und
  den Kürbis darin unter Rühren ca. 5 Min. braten.
  Zwiebeln zugeben und kurz mitbraten.
3 Kürbis mit Salz, Pfeffer und Zimt würzen, mit der
  Brühe ablöschen und 3 Min. köcheln. Tomaten
  waschen und halbieren. Couscous auflockern,
  Kürbisgemüse und Tomaten untermengen.

KÜRBIS-ORANGEN-SUPPE

Zubereitung: ca. 35 Min. · Pro Portion: 395 kcal

¼ Hokkaido-Kürbis (ca. 250 g; ersatzweise aufgetauter
TK-Kürbis) · 1 Knoblauchzehe · 1 Stück Ingwer (ca. 2 cm lang) ·
1 kleine Bio-Orange · 1 EL Sonnenblumenöl · 1 TL Tomaten-
mark · ½ TL Currypulver · 300 ml Gemüsebrühe · 1 EL Erd-
nusskerne (gesalzen) · Salz · Cayennepfeffer

1 Kürbisstück waschen, trocken reiben, entkernen
  und in kleine Stücke schneiden. Knoblauch und
  Ingwer schälen und fein hacken. Orange heiß
  waschen, abtrocknen, die Schale fein abreiben
  und den Saft auspressen.
2 Öl in einem Topf erhitzen und Knoblauch und
  Ingwer darin andünsten. Dann die Kürbisstücke,
  das Tomatenmark und das Curry zugeben und
  2 Min. mitdünsten. Orangensaft und -schale zugeben, den Topfinhalt mit der Brühe ablöschen
  und bei mittlerer Hitze in ca. 15 Min. garen.

3 Die Erdnüsse grob hacken. Die Suppe pürieren,
  mit Salz und Cayennepfeffer abschmecken, in
  einen tiefen Teller geben, mit den gehackten
  Erdnüssen bestreuen und genießen.

KÜRBISPFANNE
MIT PAPRIKA

Zubereitung: ca. 20 Min. · Pro Portion: 470 kcal

¼ Hokkaido-Kürbis (ersatzweise 250 g aufgetauter TK-Kürbis) · 1 kleine gelbe Paprika · 25 g Parmesan · 2 EL Olivenöl · Salz · Pfeffer

1 Das Kürbisstück waschen, trocken reiben, entkernen und anschließend in 1 cm große Würfel schneiden. Paprika waschen, halbieren, von den weißen Trennwänden und Kernen befreien und in feine Streifen schneiden. Parmesan mit dem Sparschäler in grobe Späne hobeln.
2 Das Öl in einer Pfanne erhitzen und Kürbis- und Paprikastücke darin ca. 10 Min. unter Wenden anbraten, dann mit Salz und Pfeffer würzen. Die Kürbispfanne mit Parmesanspänen bestreuen. Dazu schmeckt Baguette.

BAGUETTE MIT
KÜRBIS-SENF-AUFSTRICH

Zubereitung: ca. 20 Min. · Pro Portion: 535 kcal

1 Knoblauchzehe · ¼ Hokkaido-Kürbis (ersatzweise 250 g aufgetauter TK-Kürbis) · 20 g Parmesan · 1 EL Olivenöl · 150 ml Gemüsebrühe · 1 TL mittelscharfer Senf · ½ TL getrockneter Thymian · Salz · Cayennepfeffer · 1 Baguettebrötchen

1 Knoblauchzehe schälen und hacken. Kürbisstück waschen, trocken reiben, entkernen und klein würfeln. Parmesan fein reiben. Das Öl in einem Topf erhitzen und den Knoblauch kurz darin andünsten. Den Kürbis zugeben, mit Brühe ablöschen und so lange offen garen, bis die Flüssigkeit verdampft ist.
2 Den Topf vom Herd nehmen, den Kürbis auskühlen lassen. Dann mit dem Pürierstab pürieren. Senf, Thymian und Parmesan unterrühren.
3 Den Aufstrich mit Salz und Cayennepfeffer abschmecken. Brötchen quer halbieren und die Hälften mit dem Aufstrich bestreichen. Übrigen Aufstrich luftdicht verschließen und kalt stellen. So gelagert hält er sich 2–3 Tage frisch.

INDISCHES BROKKOLI-LINSEN-CURRY MIT KOKOSMILCH

Hier kommen Linsen in ihrer schönsten Form auf den Löffel: nämlich als wunderbares One-Pot-Seelenfutter-Curry. Und das Beste daran: Du musst es mit niemandem teilen!

Zubereitung: ca. 15 Min.
Pro Portion: 850 kcal

1 kleine rote Zwiebel
1 EL Olivenöl
200 g TK-Brokkoli
½ TL Currypulver
1 Msp. gemahlener Kreuzkümmel
75 g rote Linsen

200 ml Gemüsebrühe
1 kleine Dose Kokosmilch (200 g)
2 getrocknete Aprikosen
Salz
Cayennepfeffer
1 TL Limettensaft

1 Die Zwiebel schälen und in dünne Spalten schneiden. Das Olivenöl in einer kleinen Pfanne mit hohem Rand oder in einem kleinen Topf erhitzen. Die Zwiebelspalten und die gefrorenen Brokkoliröschen darin kurz anbraten, dann mit Currypulver und Kreuzkümmel bestäuben.

2 Linsen unterheben und den Topfinhalt mit der Gemüsebrühe und der Kokosmilch aufgießen. Das Curry zum Kochen bringen und offen ca. 5 Min. bei mittlerer Hitze köcheln lassen, dabei regelmäßig umrühren.

3 Die getrockneten Aprikosen in kleine Würfel schneiden und zum Curry geben. Das Curry mit Salz, Cayennepfeffer und dem Limettensaft abschmecken und in einem tiefen Teller anrichten. Dazu schmeckt Baguette oder Naan.

DAS KÜHLSCHRANK-ORAKEL @

- **Gemüse:** Süßkartoffel, Kürbis, Paprika, Blumenkohl, Pilze, Erbsen – je bunter das Curry, desto mehr Lebensfreude versprüht es. Einfach nachschauen, was der TK-Vorrat und der Gemüsekorb noch so hergeben.
- **Gewürze:** Auch Bockshornklee, Koriandersamen, Schwarzkümmel, Harissa oder Ras el Hanout wärmen die Seele und passen toll in den Soulfood-Topf. Gewürzschrank aufmachen und das Aromenorakel befragen.
- **Trockenfrüchte:** Kauf nicht extra getrocknete Aprikosen. Wenn noch getrocknete Cranberrys, Datteln, Feigen oder Rosinen im Schrank liegen – prima! Zur Not kannst du auch ein paar Fruchtstückchen aus der Müslimischung fischen. Ansonsten bringt ein Löffelchen Honig oder Zucker auch die gewünschte Süße ins Curry.

36

SPIN-OFF SCHMORGURKE, CRÈME FRAÎCHE UND DILL

SCHMORGURKE

- Die Sommerausgabe der Salatgurke ist das perfekte Spin-off-Gemüse. Sie reicht nämlich genau für zwei Single-Portionen. Schmorgurken haben von Juli bis September Saison und besitzen ein festeres Fruchtfleisch als die landläufig viel bekanntere Salatgurke.

CRÈME FRAÎCHE

- Beim Kochen werden meist nur kleine Mengen verwendet und so ist der Inhalt eines Bechers gerade für Singles schwer in kurzer Zeit zu verbrauchen. Einfrieren ist hier keine Lösung, da die Crème fraîche nach dem Auftauen ausflockt. Restlos glücklich wirst du deshalb mit unseren Spin-off-Rezepten von Seite 38 und 39.
- Crème fraîche hält sich geöffnet ca. 1 Woche im Kühlschrank. Immer mit einem sauberen Löffel die benötigten Mengen entnehmen.

DILL

- Alle Kräuter schmecken am besten frisch und sollten nicht zu lange aufbewahrt werden. Auf den Seiten 38 und 39 wird aus diesem Grund ein Bund Dill auf zwei Rezepte aufgeteilt und somit restlos verbraucht.
- Übrige Dillstängel stellt man bis zur Weiterverwendung am besten in ein Glas mit Wasser, besprengt sie noch mit ein paar Tropfen Wasser und stülpt einen Gefrierbeutel als Haube über das Ganze. Dann im Kühlschrank lagern.

SCHMORGURKE IN DILL-SENF-SAUCE

Sie wirkt recht unscheinbar, doch sie ist wandlungsfähig. Die Schmorgurke sorgt, wie hier in einem Klassiker, für frischen Geschmack, hat aber auch kein Problem damit, in einer hippen Bowl mitzumischen.

Zubereitung: ca. 25 Min.
Pro Portion: 595 kcal

½ kleine Schmorgurke (ca. 200 g)
1 kleine Zwiebel
50 g Langkornreis
Salz
1 EL Butter
Pfeffer
1 gehäufter TL Mehl
1 gehäufter TL körniger Senf
150 ml Gemüsebrühe
75 g Crème fraîche
1 Prise Zucker
1 kleines Bund Dill

1 Die Gurkenhälfte schälen, längs halbieren und mit einem Löffel die Kerne herauskratzen. Das Fruchtfleisch quer in Halbringe schneiden. Die Zwiebel schälen und fein würfeln.

2 Reis nach Packungsanweisung in kochendem Salzwasser garen, dann bei Bedarf in ein Sieb abgießen und abtropfen lassen.

3 Butter in einem kleinen Topf erhitzen und die Zwiebelwürfel darin andünsten. Anschließend die Gurkenstücke zugeben, kurz mitdünsten und mit Salz und Pfeffer würzen.

4 Mehl über die Gurken stäuben, den Senf unterheben und das Gurkengemüse unter Wenden kurz anschwitzen. Die Brühe unter Rühren zugießen, aufkochen und das Gemüse ca. 10 Min. unter gelegentlichem Rühren köcheln lassen. Crème fraîche einrühren und das Gemüse mit Salz, Pfeffer und Zucker abschmecken. Die Sauce jetzt nicht mehr zum Kochen bringen, sonst flockt die Crème fraîche aus.

5 Einen Stängel Dill vom Bund wegnehmen und anderweitig verwenden. Übrigen Dill waschen, trocken tupfen und die Spitzen abzupfen. Diese hacken und unter das Gemüse heben.

6 Die Schmorgurken samt Sauce mit dem Reis auf einem Teller anrichten und genießen.

SAISON-TIPP ⌘

Außerhalb der Saison kann anstelle der Schmorgurke die gleiche Menge Salatgurke verwendet werden. Sie hat weicheres Fruchtfleisch und die Garzeit bei warmen Gerichten verkürzt sich deshalb um etwa die Hälfte.

Am nächsten Tag gibt's ...

FITNESSBOWL MIT GURKENSALAT

Zubereitung: ca. 20 Min.
Pro Portion: 710 kcal

1 Ei (M)
½ kleine Schmorgurke (ca. 200 g)
Salz
Pfeffer
1 Mini-Römersalat
1 Mini-Ananas
1 Stängel Dill
1 TL Apfelessig
3 EL warme Gemüsebrühe
1 TL geröstetes Sesamöl
1 EL Sonnenblumenöl
75 g Crème fraîche
½ TL Currypulver
1 TL Sojasauce

1 Das Ei in einem Topf mit Wasser bedecken, dieses zum Kochen bringen und das Ei darin in ca. 8 Min. hart kochen, dann abgießen und kalt abschrecken. Die Gurkenhälfte schälen, längs halbieren und mit einem Löffel die Kerne herauskratzen. Das Fruchtfleisch in feine Scheiben hobeln oder schneiden, in eine Schüssel geben und mit Salz und Pfeffer würzen.

2 Den Römersalat in einzelne Blätter teilen, diese putzen, waschen, trocken schleudern und grob hacken. Ananas schälen, halbieren und den Strunk herausschneiden. Das Fruchtfleisch fein würfeln. Dill waschen, trocken schütteln, die Spitzen abzupfen und fein hacken.

3 Apfelessig, Brühe, Dill, Salz und Pfeffer in einer Schale verrühren. Dann beide Öle unterrühren. Den Salat zur Vinaigrette geben und beides gut vermengen. Das Ei pellen und hacken. Ei, Crème fraîche und Currypulver fein zermusen und mit Salz und Pfeffer würzen.

4 Ananas und Gurkensalat auf dem marinierten Römersalat in der Schale anrichten und alles mit Sojasauce beträufeln. Aus der Eier-Curry-Creme mit zwei Teelöffeln kleine Nocken formen und auf das Gemüse setzen.

HAPPY TO-GO-TIPP ‿◦

Um die Bowl bürofein zu machen, gibst du Vinaigrette plus Sojasauce in ein Schraubglas mit großer Öffnung (720 ml), es folgen die Schmorgurkenscheiben, die Ananaswürfel und zum Schluss der Römersalat. Die Ei-Curry-Masse verpackst du separat in einer dicht schließenden Dose. In der Pause einfach den Glasinhalt auf einen Teller stürzen, durchmischen und zum Schluss mit den Ei-Nocken toppen.

KÄSE-TORTELLINI IN CHAMPIGNON-KRÄUTER-RAHM

Die One-Pot-Sattmacher-Pasta steht in nur 20 Minuten auf dem Tisch und die Zutaten dafür bekommst du wirklich im noch so kleinen Supermarkt. Perfekt für die schnelle Feierabendküche.

Zubereitung: ca. 20 Min.
Pro Portion: 665 kcal

2 Frühlingszwiebeln
150 g Champignons
1 EL Olivenöl
Salz
3 EL Kräuterfrischkäse
6 EL warme Gemüsebrühe

200 g frische Tortellini mit
   Käsefüllung (Kühlregal)
Pfeffer
frisch geriebene Muskatnuss
1 TL Zitronensaft
20 g Parmesan

1 Die Frühlingszwiebeln putzen, waschen und schräg in dünne Ringe schneiden. Pilze putzen, bei Bedarf mit einem Küchentuch abreiben und in dünne Scheiben schneiden.
2 In einem kleinen Topf das Öl erhitzen und Pilze sowie Frühlingszwiebeln darin anbraten, bis alle Flüssigkeit, die von den Pilzen austritt, verdampft ist, und die Pilzmischung mit Salz würzen. Kräuterfrischkäse und Brühe einrühren und die Sauce zugedeckt bei mittlerer Hitze ca. 3 Min. weitergaren, regelmäßig umrühren.
3 Frische Tortellini mit in den Topf geben und in der Sauce erhitzen. Die One-Pot-Pasta mit Salz, Pfeffer, 1 Prise Muskat und dem Zitronensaft abschmecken und auf einem Teller anrichten. Den Parmesan reiben, auf die Pasta streuen.

DAS KÜHLSCHRANK-ORAKEL ☺

- **Milchprodukte:** Sahne, Crème fraîche, Frischkäse ohne Kräuter – sie alle dürfen anstelle des Kräuterfrischkäses die Sauce schön cremig verfeinern. Eine tolle Gelegenheit, angebrochene Becher aufzubrauchen. Noch eine halbe Dose Tomaten in der Hinterhand? Dann tausch Frischkäse und Brühe dagegen aus.
- **Champignons:** Keine Zeit für den Einkauf gehabt, aber im Tiefkühlfach tummeln sich noch Brokkoli oder Spinat? Here we go! Die One-Pot-Tortellini schmecken mit dieser Pilz-Alternative auch ganz fantastisch.
- **Schinken und Speck:** Die Fleischeslust hat dich gepackt und dein Kühlschrank hält noch zwei Scheiben Schinken oder Räucherspeck für dich bereit? Dann gib sie klein gewürfelt mit den Pilzen in die Pfanne.

SPIN-OFF MAGERQUARK

EINKAUF

- Magerquark wird meist in 500-g-Packungen angeboten. Das ist wunderbar, denn so passt er perfekt zu unserer Spin-off-Idee. Einmal kaufen – zweimal essen!

LAGERUNG

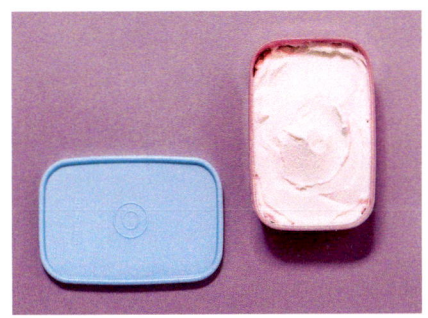

- Magerquark hält sich durch seinen geringen Fettgehalt luftdicht verpackt 4–5 Tage im Kühlschrank. Angebrochene Packung also einfach in eine dicht schließende Dose umfüllen und zurück in den Kühlschrank stellen.
- Er lässt sich auch einfrieren – dann im Kühlschrank auftauen lassen und bevor du ihn verwendest, noch mal gründlich durchrühren.

GESUNDHEIT

- Wenn man Quark und Kartoffeln kombiniert, kommt die sogenannte biologische Wertigkeit von Eiweiß ins Spiel. Die Verbindung von tierischem Eiweiß aus Quark und pflanzlichem Eiweiß aus Kartoffeln auf dem Teller lässt diesen Wert in besonderem Maße ansteigen. Das Eiweiß kann dann vom Körper besonders gut verwertet werden. Also: Gerne öfter ab damit auf den Speiseplan!

ZWEIERLEI QUARKDIP MIT PELLKARTOFFELN

So einfach – so lecker! Während die Kartoffeln im Topf garen, sind ratzfatz
zwei Quarkdips gerührt. Perfekt nach einem langen Arbeitstag!

Zubereitung: ca. 30 Min.
Pro Portion: 455 kcal

*250 g vorwiegend fest-
  kochende Kartoffeln*
Salz
250 g Magerquark
*3 EL kohlensäure-
  haltiges Mineralwasser*
Pfeffer
1 Knoblauchzehe
1 kleine Schalotte
1 EL Olivenöl
1 Msp. gemahlener Kümmel

1 Kartoffeln waschen, in einen Topf geben und
   knapp mit Salzwasser bedecken. Dieses zum
   Kochen bringen und die Kartoffeln darin zugedeckt bei mittlerer Hitze in 20–25 Min. garen.
2 Für die Quarkdips 250 g Quark zusammen mit
   dem Mineralwasser in eine Schüssel geben,
   glatt rühren und mit Salz und Pfeffer würzen.
   Knoblauch und Schalotte schälen und getrennt
   voneinander fein würfeln.
3 Die Quarkmasse teilen. Die eine Hälfte mit
   Knoblauch und Olivenöl, die andere Hälfte mit
   Schalotten und Kümmel verrühren. Dips mit
   Salz und Pfeffer abschmecken.
4 Die Kartoffeln in ein Sieb abgießen und kurz
   ausdampfen lassen. Dann die Kartoffeln nach
   Belieben pellen und mit den Dips servieren.

DAS KÜHLSCHRANK-ORAKEL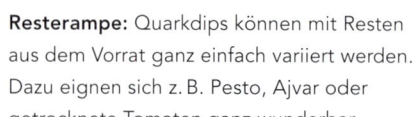

- **Resterampe:** Quarkdips können mit Resten
  aus dem Vorrat ganz einfach variiert werden.
  Dazu eignen sich z. B. Pesto, Ajvar oder
  getrocknete Tomaten ganz wunderbar.
- **Mehr Grün:** Frühlingszwiebeln, Rucola, Petersilie, Schnittlauch – sie alle peppen die Quarkdips mit Kräuterfrische, Würze und natürlich
  Vitaminen und Mineralstoffen auf. Nach Lust
  und Laune klein hacken und dazugeben. Ein
  Stück klein geraspelte Gurke macht aus dem
  Knoblauch-Quark-Dip einen frischen Zaziki.

QUARKPLINSEN

Zubereitung: ca. 25 Min.
Pro Portion: 810 kcal

250 g Magerquark
1 Eigelb
2 EL Zucker
Salz
60 g Mehl
1 EL Rosinen
1 EL Sonnenblumenöl
125 g Himbeeren
3 kleine Kugeln Vanilleeis

1 Magerquark, Eigelb, 1 EL Zucker, 1 Prise Salz, Mehl und Rosinen in eine Rührschüssel geben, zu einer glatten Masse verrühren und diese anschließend ca. 10 Min. ruhen lassen.

2 Mit den Händen etwa fünf Plinsen aus dem Teig formen. Das Sonnenblumenöl in einer beschichteten Pfanne erhitzen und die Plinsen darin von beiden Seiten bei niedriger Hitze unter Wenden in ca. 10 Min. goldbraun braten.

3 100 g Himbeeren und restlichen Zucker in einen Rührbecher geben und mit dem Pürierstab pürieren. Das Himbeerpüree durch ein feines Sieb streichen und in einer Schüssel auffangen. Himbeersauce, Vanilleeis und die restlichen Himbeeren mit den Plinsen anrichten.

HAPPY TO-GO-TIPP ◕‿◕

Die Plinsen schmecken warm und kalt sehr lecker. Kalt eignen sie sich auch prima fürs Büro. Statt der Himbeersauce kann auch frisches Obst, wie Sommerbeeren, Trauben, Pflaumen oder reife Birnen dazu gegessen werden. Und wenn du davon nichts im Haus hast, kauf ein Glas Apfelmus zum Dippen für die Plinsen.

PFANNENKARTOFFELN »CAPRESE«

Der bekannte italienische Salat aus Tomaten, Mozzarella und Basilikum wird gerne als Vorspeise angeboten – hier kommt er als warmes Kartoffelgericht auf den Tisch.

Zubereitung: ca. 40 Min.
Pro Portion: 580 kcal

250 g vorwiegend festkochende Kartoffeln
1 Frühlingszwiebel
5 Kirschtomaten
125 g Mozzarella
3 Stängel Basilikum (ersatz-
weise 1 EL Basilikumpesto)

1 EL Sonnenblumenöl
Salz
Pfeffer
Crema di balsamico

1 Die Kartoffeln schälen, waschen, trocken tupfen und in ca. 1 cm große Würfel schneiden. Die Frühlingszwiebel putzen, waschen und schräg in Stücke schneiden. Die Tomaten waschen und anschließend halbieren.

2 Den Mozzarella abtropfen lassen und in Stücke zupfen. Das Basilikum waschen, trocken tupfen und die Blättchen abzupfen.

3 Das Öl in einer beschichteten Pfanne erhitzen. Die Kartoffelwürfel darin unter Wenden bei niedriger Hitze in 12–15 Min. goldbraun braten und mit Salz und Pfeffer würzen.

4 Kirschtomaten und Frühlingszwiebel zugeben und kurz mitbraten. Mozzarella und Basilikum locker unterheben. Pfannenkartoffeln mit Salz und Pfeffer abschmecken und zum Schluss mit Crema di balsamico beträufeln. Wer mag, isst dann gleich aus der Pfanne.

DAS KÜHLSCHRANK-ORAKEL

- **Non-Veggie:** Salami- und Schinkenreste finden in der Kartoffelpfanne ein besonders feines Ende. Einfach klein würfeln und mit Tomaten und Frühlingszwiebeln in die Pfanne geben. Parmaschinken kannst du einfach zum Schluss auf dem Kartoffelmix drapieren.
- **Parmesan:** Statt Mozzarella bringen grobe Parmesanspäne italienische Würze in die Kartoffelpfanne. Diese aber erst kurz vor dem Servieren daraufstreuen.
- **Sattmacher-Ei:** Du findest noch ein Ei im Kühlschrank und richtig Hunger hast du auch? Dann schieb die Kartoffelmischung in der Mitte der Pfanne etwas auseinander, sodass der Pfannenboden frei ist. Gib noch etwas Öl auf die freie Stelle, schlag das Ei da hinein auf und streu noch etwas Salz und Pfeffer auf das Ei. Und kurz darauf ist die Kartoffelpfanne mit Spiegelei fertig. Einfach lecker!

XL-BLUMENKOHL
FÜR SINGLES

EINKAUF UND LAGERUNG

- Frischen Blumenkohl erkennt man an der makellos hellen Farbe und den festen Röschen. Dunkle Stellen haben auf einem frischen Blumenkohl nichts zu suchen. Die Blätter sollten knackig und schön grün sein und der Kohl sollte nicht nach Kohl riechen.
- Blumenkohl hält sich 2–3 Tage im Gemüsefach des Kühlschranks frisch.

VORBEREITEN

- Ein mittelgroßer (ca. 750 g) Blumenkohl lässt sich zu zwei, ein großer Kopf (ca. 1,1 kg) zu drei Single-Mahlzeiten verarbeiten. Dazu vom Kohl die grünen Blätter entfernen, den Kopf in mundgerechte Röschen teilen, diese waschen und in einem Sieb abtropfen lassen. Die Röschen in zwei bis drei Portionen aufteilen.

TIEFKÜHLEN

- Die Röschen-Portionen nun entweder roh in Gefrierbeutel geben, Luft in den Beuteln herausdrücken, diese verschließen und anschließend ins Tiefkühlfach legen.
- Oder: Reichlich Salzwasser zum Kochen bringen, die Röschen darin in ca. 2 Min. bissfest garen, dann in ein Sieb abgießen, kalt abschrecken, gut abtropfen und auskühlen lassen und portionsweise einfrieren. Tiefgekühlter Blumenkohl kann gefroren oder aufgetaut verwendet werden.

GEBRATENER CURRY-BLUMENKOHL MIT TOMATEN

Gegensätze ziehen sich an! Das farb- und aromengewaltige Currypulver schmiegt sich
an den zurückhaltenden Blumenkohl und keine Frage: Es wird yummie!

Zubereitung: ca. 20 Min.
Pro Portion: 345 kcal

1 EL Cashewkerne
½ mittelgroßer Blumenkohl
   (ca. 375 g; ersatzweise
   ca. 300 g aufgetauter
   TK-Blumenkohl)
2 Frühlingszwiebeln
5 Kirschtomaten
2 EL Olivenöl
Salz
1 Msp. Currypulver
1 gehäufter TL Rosinen

1 Die Cashewkerne ohne Fett in einer Pfanne bei
mittlerer Hitze unter Rühren so lange rösten, bis
sie duften, dann auskühlen lassen. Den Blumenkohl putzen und in gleich große Röschen teilen.
Die Röschen waschen, in einem Sieb abtropfen
lassen und in Scheiben schneiden (auch den
TK-Blumenkohl). Die Frühlingszwiebeln putzen,
waschen und schräg in Stücke schneiden. Die
Kirschtomaten waschen und halbieren.
2 Das Öl in einer beschichteten Pfanne erhitzen.
Blumenkohlscheiben darin von beiden Seiten
goldbraun braten und mit Salz würzen. Die
Frühlingszwiebeln zugeben und kurz mitbraten.
Gemüse mit Currypulver würzen. Die Rosinen
und die Tomaten zugeben, mit 100 ml Wasser
ablöschen und alles ca. 3 Min. zugedeckt garen.
3 Das Blumenkohlgemüse mit Salz würzen, auf
einem Teller anrichten und mit den gerösteten
Cashewkernen bestreuen.

RESTE-TIPP ⬤

Wenn die Nusspackung auf ist, werden die
Nüsse darin rasch ranzig. Darum werden die
restlichen Cashews in der Packung zu Knabber-
nüssen für den Fernsehabend. Den Backofen auf
175° vorheizen und ein Backblech mit Backpapier belegen. 1 EL Butter und 25 g Rohrohr-
zucker in einem kleinen Topf unter Rühren
erhitzen, bis sich der Zucker fast ganz aufgelöst
hat. Den Topf vom Herd nehmen, 1 EL Honig,
2 TL Currypulver und ½ TL Salz in den Topf
geben und unterrühren. Dann die restlichen
Cashewkerne (ca. 200 g) untermischen. Die
Cashews auf dem Blech verteilen und im heißen
Ofen (Mitte) ca. 15 Min. rösten, dabei einmal
durchmischen. Nüsse auskühlen lassen.

BLUMENKOHLSALAT MIT KAPERN UND EI

Zubereitung: ca. 25 Min.
Pro Portion: 370 kcal

1 Ei (M)
½ mittelgroßer Blumenkohl
*   (ca. 375 g; ersatzweise*
*   ca. 300 g aufgetauter TK-Blumenkohl)*
Salz
2 Frühlingszwiebeln
½ Bio-Zitrone
1 TL mittelscharfer Senf
Pfeffer
1 Prise Zucker
3 EL warme Gemüsebrühe
2 EL Olivenöl
½ TL kleine Kapern

1   Das Ei in einen Topf geben, mit kaltem Wasser bedeckt, dieses zum Kochen bringen und das Ei darin in ca. 8 Min. hart kochen, dann abgießen und abschrecken. Den Blumenkohl putzen und in kleinere Röschen teilen. Reichlich Salzwasser in einem Topf zum Kochen bringen, den Blumenkohl darin in 2–5 Min. garen (auch den TK-Blumenkohl), in ein Sieb abgießen, kalt abschrecken und abtropfen lassen.

2   Frühlingszwiebeln putzen, waschen und fein hacken. Die Zitronenhälfte heiß waschen, abtrocknen, die Schale fein abreiben und 1 TL Saft auspressen. Zitronensaft und -schale zusammen mit dem Senf, Salz, Pfeffer, dem Zucker und der Brühe in ein Schälchen geben und verrühren. Zum Schluss das Olivenöl unterrühren.

3   Den Blumenkohl zusammen mit der Vinaigrette in eine Schüssel geben, vermengen und Kapern sowie Frühlingszwiebeln unterheben. Das Ei pellen, grob hacken und auf den Salat streuen.

PLAN-B-TIPP ⇄

Zum Blumenkohlsalat schmeckt ein gebratenes Fischfilet. Oder du brätst dir dazu ganz fix ein paar Fischstäbchen. Dann reicht die Salatmenge auch locker für zwei Tage.

TOFUGESCHNETZELTES
IN PAPRIKASAUCE

Wer sich fleischarm ernähren möchte, muss auf deftige Gerichte nicht verzichten.
Im Veggie-Geschnetzelten sorgen Knoblauch, Zwiebeln und Gewürze für herzhaften Genuss.

Zubereitung: ca. 20 Min.
Pro Portion: 380 kcal

1 Zwiebel
1 Knoblauchzehe
1 kleine gelbe Paprika
200 g Tofu (z. B. Mandel-Nuss-Tofu)
1 EL Olivenöl
½ TL getrockneter Thymian

150 ml Gemüsebrühe
1 gehäufter EL Ajvar
  (ersatzweise Tomatenmark)
Salz
Pfeffer
einige Tropfen Zitronensaft

1   Die Zwiebel und den Knoblauch schälen und
    fein hacken. Paprika waschen, halbieren, von
    weißen Trennwänden und Kernen befreien und
    in Streifen schneiden. Den Tofu in kleine Stücke
    brechen oder schneiden.
2   Das Olivenöl in einer beschichteten Pfanne
    erhitzen und den Tofu, die Paprika, den Knob-
    lauch und die Zwiebel darin kräftig anbraten.
    Den Thymian zugeben und kurz mitbraten.
3   Die Tofumischung mit der Gemüsebrühe ablö-
    schen, aufkochen und ca. 3 Min. offen köcheln
    lassen. Ajvar einrühren und das Geschnetzelte
    mit Salz, Pfeffer und Zitronensaft abschmecken.
    Dazu schmeckt Baguette sehr gut.

DAS KÜHLSCHRANK-ORAKEL

- **Kräuter und Gewürze:** Thymian kannst du
  durch Rosmarin, Oregano oder Kräuter der
  Provence ersetzen. Nur noch ein Stück Ingwer
  im Haus? Das kannst du einfach statt Zwiebel
  und Knoblauch verwenden.
- **Gemüse:** Statt Paprika schmecken auch
  gebratene Zucchini, gegarte grüne Bohnen
  oder Mais (aus der Dose) sehr lecker.
- **Sauce:** Noch Sahne im Kühlschrank? Dann
  zusammen mit entsprechend weniger Brühe
  in die Pfanne geben und den Tofu in köstlicher
  Rahmsauce genießen.

XL-BLATTSPINAT

FÜR SINGLES

EINKAUF

- Frischer Blattspinat ist im Supermarkt oft in Beuteln zu 250 g erhältlich. Für eine Single-Mahlzeit ist das zu viel – doch für zwei Single-Portionen ist diese Menge gerade richtig.
- Beim Einkauf darauf achten, dass die Blättchen schön fest und knackig sind. Bei schlapper Ware – lieber Finger weg!

VORBEREITEN UND LAGERN

- Spinat in reichlich Wasser gründlich waschen, dabei verlesen und grobe Stiele entfernen. Die Blätter portionsweise in einem Sieb noch mal unter fließendem Wasser waschen, abtropfen lassen und portionsweise trocken schleudern.
- Spinat locker in zwei große Gefrierbeutel (ca. 3 l) geben, diese etwas aufblasen und verknoten. So hält sich der Spinat im Kühlschrank 1–2 Tage. Den Beutel ab und zu wenden.

TIEFKÜHLEN

- Wer den Spinat einfrieren möchte, der gibt die gewaschenen, tropfnassen Spinatblätter in einen Topf und lässt sie dann bei mittlerer Hitze zusammenfallen. Anschließend den Spinat auskühlen lassen und grob hacken. Den Spinat portionsweise auf Gefrierbeutel verteilen, Luft in den Beuteln herausdrücken, diese verschließen und ins Tiefkühlfach legen.

SPINATAUFLAUF

Wer Spinat mag, kann gar nicht genug davon bekommen, auch wenn er doch
nicht so stark macht, wie Popeye es uns lange Zeit einbläuen wollte.

Zubereitung: ca. 15 Min.
Backzeit: ca. 25 Min.
Pro Portion: 520 kcal

125 g frischer Blattspinat (ersatzweise
  125 g aufgetauter TK-Spinat)
1 kleine Zwiebel
1 Knoblauchzehe
2 EL + 1 TL Butter
Salz
Pfeffer
frisch geriebene Muskatnuss
20 g Parmesan
1 gehäufter TL Mehl
225 ml Milch
5 Kirschtomaten

1   Den Blattspinat verlesen und die groben Stiele
    entfernen. Die Blätter waschen, in ein Sieb ge-
    ben, nochmals abspülen und abtropfen lassen.
    Zwiebel und Knoblauch schälen und beides in
    sehr feine Würfel schneiden.

2   1 EL Butter in einem weiten Topf erhitzen und
    Zwiebel und Knoblauch darin kurz andünsten.
    Den Spinat zugeben (jetzt auch den TK-Spinat),
    unter Wenden zusammenfallen lassen und mit
    Salz, Pfeffer und 1 Prise Muskat würzen. Den
    Topf vom Herd nehmen. Den Backofen auf 200°
    vorheizen und den Parmesan reiben.

3   1 EL Butter in einem kleinen Topf erhitzen.
    Das Mehl dazugeben, kurz anschwitzen, unter
    Rühren mit der Milch ablöschen und ca. 2 Min.
    kochen lassen. Die Béchamelsauce mit Salz und
    Pfeffer würzen, dann den Spinat unterheben.

4   Eine Auflaufform (ca. 20 × 10 cm) mit der rest-
    lichen Butter fetten. Die Spinatmasse in die
    gefettete Auflaufform geben.

5   Die Kirschtomaten waschen, halbieren und
    auf dem Spinat verteilen. Den geriebenen
    Parmesan auf den Auflauf streuen und diesen
    im heißen Backofen (2. Schiene von unten)
    in 20–25 Min. goldbraun überbacken. Dazu
    schmecken Salzkartoffeln oder Reis.

PLAN-B-TIPP ⇄

Für den Auflauf eignet sich auch TK-Blattspinat.
Dafür den Spinat am besten über Nacht in
einem Sieb zugedeckt im Kühlschrank auftauen
lassen. Dann wie oben beschrieben mit Butter,
Zwiebel und Knoblauch andünsten und wie im
Rezept beschrieben fortfahren.

ORIENTALISCHER SPINATSALAT

Zubereitung: ca. 20 Min.
Pro Portion: 315 kcal

1 TL heller Sesam (nach Belieben)
1 Scheibe Vollkorntoast
125 g frischer Blattspinat
1 TL Essig (z. B. Weißweinessig)
3 EL warme Gemüsebrühe
1 TL mittelscharfer Senf
Salz
Pfeffer
2 EL Olivenöl
3 Stängel Minze (ersatzweise
  getrocknete Minze)
1 TL Rosinen

1 Den Sesam, falls verwendet, ohne Fett in einer Pfanne bei mittlerer Hitze unter Rühren so lange rösten, bis er duftet, dann aus der Pfanne auf einen Teller schütten und auskühlen lassen. Den Toast in 1 cm große Würfel schneiden.

2 Den Blattspinat verlesen und grobe Stiele entfernen. Die Blätter waschen, in ein Sieb geben, nochmals abspülen, abtropfen lassen, trocken schleudern und grob hacken.

3 Essig, Gemüsebrühe, Senf, Salz und Pfeffer in eine Salatschüssel geben und verrühren. 1 EL Olivenöl unterrühren. Die Minze waschen, trocken tupfen und die Blättchen abzupfen.

4 Für die Croûtons 1 EL Olivenöl in einer Pfanne erhitzen und die Toastwürfel darin goldbraun rösten. Croûtons salzen und zur Seite stellen.

5 Spinat mit der Vinaigrette vermengen und mit Croûtons, Minze, Rosinen und eventuell Sesam bestreuen. Dazu schmeckt Baguette.

PLAN-B-TIPP ⇄

Frische Kräuter peppen Gerichte immer mit viel mehr Geschmack auf als getrocknete. Aber ein ganzes Bund zu kaufen, wenn man nur ein paar Stängelchen braucht, ergibt auch keinen Sinn. Eine tolle Alternative sind Kräuter im Topf. Begrüne deine Küche oder den Balkon statt mit Kaktus und Geranie mit Petersilie, Basilikum und Minze. Nur ab und zu gießen, dauerhaft Kräuterfrische genießen!
Minze z. B. ist anspruchslos, winterhart und du kannst sie auch ganz einfach trocknen. Dazu die Stängel samt Blättern zu Sträußchen binden und luftig und trocken aufhängen. Aber auch der Inhalt eines Pfefferminzteebeutels ist eine Minze-Alternative für den Salat.

ITALIENISCHE TOMATENNUDELN

Ein Rezept für eine gute, selbst gemachte Tomatensauce gehört in jeden Haushalt –
Würzvarianten nach Lust, Laune und Vorratslage jederzeit erwünscht!

Zubereitung: ca. 25 Min.
Pro Portion: 550 kcal

1 kleine Zwiebel
1 Knoblauchzehe
2 große Tomaten (ca. 200 g)
1 EL Olivenöl
1 gehäufter TL Tomatenmark
100 ml Gemüsebrühe
Salz

Pfeffer
1 Prise Zucker
½ TL getrockneter Oregano
1 Lorbeerblatt
100 g Nudeln (z. B. Spaghetti)
10 g Parmesan
einige Tropfen Zitronensaft

1 Zwiebel und Knoblauch schälen und fein hacken. Tomaten waschen, halbieren, von den Stielansätzen befreien und klein würfeln.
2 Das Olivenöl in einem kleinen Topf erhitzen, Zwiebel und Knoblauch darin anbraten. Das Tomatenmark dazugeben und kurz anrösten.
3 Tomatenstücke und Brühe in den Topf geben. Sauce mit Salz, Pfeffer, Zucker und Oregano würzen, dann das Lorbeerblatt zugeben. Die Sauce zum Kochen bringen und anschließend ca. 10 Min. offen bei niedriger Hitze köcheln lassen, dabei ab und zu umrühren.
4 Währenddessen die Nudeln nach Packungsanweisung in kochendem Salzwasser bissfest garen. Inzwischen den Parmesan reiben.
5 Das Lorbeerblatt aus der Sauce entfernen und diese mit Zitronensaft, Salz und Pfeffer abschmecken. Die Nudeln abgießen, abtropfen lassen und in einen tiefen Teller geben. Die Sauce auf die Nudeln geben, den Parmesan daraufstreuen und losgabeln.

DAS KÜHLSCHRANK-ORAKEL ⊚

- **Konserve in Reserve:** Keine frischen Tomaten im Haus? Schau doch mal in deine Vorratskammer – steht da nicht noch eine Dose stückige Tomaten oder Tomatensuppe im Regal? Dann diese einfach zu Zwiebel und Knoblauch in den Topf geben.
- **Kräuter:** Hier passt, was schmeckt! Kein Oregano im Gewürzregal? Thymian, Rosmarin und Salbei, aber auch getrocknete italienische Kräutermischungen runden die Sauce mit mediterranem Flair ab. Die Sauce schmeckt aber auch ohne Kräuter sehr lecker!
- **Quinoa, Reis und Co.:** Die Nudelpackung ist leer? Reis, Quinoa, Hirse oder gegartes Gemüse kannst du genauso gut mit der feinen Tomatensauce kombinieren.

XL-WIRSING

FÜR SINGLES

VORBEREITEN

- Vom Wirsing (ca. 1,2 kg) die äußeren Blätter entfernen. Wirsingkopf vierteln und vom Strunk befreien. Die dicken Blattrippen der Wirsingblätter flacher schneiden.
- Wirsing in ca. 1 cm breite Streifen schneiden, waschen und portionsweise trocken schleudern.

BLANCHIEREN

- In einem großen Topf ca. 3 l Wasser zum Kochen bringen und die Wirsingstreifen darin portionsweise in ca. 1 Min. garen. Anschließend den Wirsing in ein Sieb abgießen, kalt abschrecken und gut abtropfen lassen.
- Wirsing in vier Portionen teilen. Nach Belieben eine Portion gleich weiterverarbeiten und die übrigen drei Portionen einfrieren.

TIEFKÜHLEN

- Den blanchierten Wirsing auf einem sauberen Geschirrtuch ausbreiten und mit Küchenpapier trocken tupfen. Durch die krause Struktur der Blätter bleibt sonst zu viel Wasser an den Blättern hängen, das beim Tiefkühlen gefriert und die Blattstruktur zerstört. Nach dem Auftauen macht der Kohl dann schlapp.
- Wirsingportionen auf Gefrierbeutel verteilen, Luft in den Beuteln herausdrücken, diese verschließen und ins Tiefkühlfach legen.

WIRSING-OMELETT

Zubereitung: ca. 20 Min. · Pro Portion: 510 kcal

¼ Wirsing (ersatzweise 250 g aufgetauter, blanchierter TK-Wirsing) · 3 Eier · Salz · Pfeffer · 1 kleine Zwiebel · 2 EL Olivenöl · 1 gehäufte Msp. Currypulver

1 Die Blattrippen des Wirsings flacher schneiden. Den Wirsing in Streifen schneiden, waschen und abtropfen lassen. Die Eier in einen Rührbecher aufschlagen, verquirlen, salzen und pfeffern. Zwiebel schälen und klein würfeln.
2 Das Öl in einer beschichteten Pfanne erhitzen und die Zwiebel darin andünsten. Wirsing (jetzt auch TK-Wirsing) zugeben, mit Salz und Curry würzen. Gemüse zugedeckt 3–5 Min. braten, dann 75 ml Wasser zugeben und so lange offen schmoren, bis die Flüssigkeit verkocht ist.
3 Eier über das Gemüse geben und zugedeckt bei niedriger Hitze in ca. 12 Min. stocken lassen.

THAI-WIRSING IM WOK

Zubereitung: ca. 25 Min. · Pro Portion: 515 kcal

¼ Wirsing (ersatzweise 250 g aufgetauter, blanchierter TK-Wirsing) · 50 g Basmati-Reis · Salz · 1 kleine rote Paprika · 100 g Shiitake (ersatzweise Austernpilze) · 1 Stück Ingwer (ca. 2 cm lang) · 2 EL Sonnenblumenöl · 1 EL Sojasauce

1 Die dicken Blattrippen des Wirsings flacher schneiden. Die Wirsingblätter in Streifen schneiden, waschen und in einem Sieb gut abtropfen lassen. Den Basmati-Reis in 130 ml Salzwasser nach Packungsanweisung garen.
2 Die Paprika waschen, halbieren, von den weißen Trennwänden und Kernen befreien und in Streifen schneiden. Shiitakestiele herausdrehen, Kappen halbieren. Ingwer schälen und hacken.
3 Das Öl im Wok erhitzen und den Ingwer darin anbraten. Den Wirsing (jetzt auch TK-Wirsing) zugeben, 2–3 Min. braten.
4 Paprika und Shiitake in den Wok geben und alles weitere 4 Min. braten. 50 ml Wasser und Sojasauce zugeben und aufkochen. Gemüse mit Reis auf einem Teller anrichten.

WIRSINGSALAT

Zubereitung: ca. 15 Min. · Pro Portion: 260 kcal

¼ Wirsing (ersatzweise 250 g aufgetauter, blanchierter TK-Wirsing) · 1 kleine rote Zwiebel · 2 EL Olivenöl · Salz · Pfeffer · 1 Msp. getrockneter Thymian · 1 TL Essig (z. B. Weißweinessig) · 3 EL warme Gemüsebrühe

1. Die dicken Blattrippen des Wirsings flacher schneiden. Den Wirsing in ca. 1 cm breite Streifen schneiden, waschen und abtropfen lassen. Die Zwiebel schälen und in Spalten schneiden.
2. 1 EL Öl in einer Pfanne erhitzen und die Zwiebel darin andünsten. Wirsing (jetzt auch TK-Wirsing) zugeben und unter Wenden anbraten. Dann mit 50 ml Wasser ablöschen, aufkochen und mit Salz, Pfeffer und Thymian würzen. Den Essig und die Brühe in eine Salatschüssel geben und verrühren. Restliches Öl unterrühren und das Wirsinggemüse mit der Vinaigrette vermengen.

ORANGEN-WIRSING-SALAT

Zubereitung: ca. 15 Min. · Pro Portion: 355 kcal

¼ Wirsing (ersatzweise 250 g aufgetauter, blanchierter TK-Wirsing) · Salz · 1 Orange · 1 TL Essig (z. B. Weißweinessig) · 1 TL mittelscharfer Senf · 2 EL warme Gemüsebrühe · 2 ½ EL Olivenöl · 1 kleine rote Zwiebel · Pfeffer

1. Die dicken Blattrippen des Wirsings flacher schneiden. Den Wirsing in ca. 1 cm breite Streifen schneiden und 1 Min. in kochendem Salzwasser garen. Dann die Wirsingstreifen in ein Sieb abgießen und abtropfen lassen.
2. Die Orange schälen, die weiße Haut vollständig abschneiden. Die Orange quer in Scheiben schneiden. Den dabei austretenden Saft auffangen und mit Essig, Senf, Brühe und Öl gründlich verrühren.
3. Zwiebel schälen, halbieren und in Halbringe schneiden. Wirsing (jetzt auch TK-Wirsing), Orangenscheiben und Zwiebelringe in einer Salatschüssel mit der Vinaigrette vermengen und den Salat mit Salz und Pfeffer würzen.

BRATNUDELN MIT EI

Die schmecken so lecker wie vom Lieblings-Chinesen um die Ecke – an die
Stäbchen, fertig, los! Und dann immer wieder haben wollen.

Zubereitung: ca. 20 Min.
Pro Portion: 695 kcal

1 Möhre
1 Frühlingszwiebel
1 Knoblauchzehe
Salz
100 g Mie-Nudeln

2 EL Sonnenblumenöl
1 TL geröstetes Sesamöl
1 Ei (M)
2 TL Sojasauce

1 Die Möhre putzen, schälen und auf einer
Gemüsereibe grob raspeln. Frühlingszwiebel
putzen, waschen und schräg in dünne Ringe
schneiden. Knoblauch schälen und fein hacken.

2 400 ml Salzwasser in einer kleinen Pfanne mit
hohem Rand oder im Wok aufkochen. Die
Mie-Nudeln ins kochende Wasser geben und
darin nach Packungsanweisung garen, dann in
ein Sieb abgießen und abtropfen lassen.

3 Sonnenblumenöl in die heiße Pfanne geben
und Möhrenraspel, Frühlingszwiebelringe und
Knoblauch darin ca. 1 Min. anbraten. Die abgetropften Nudeln dazugeben, mit dem Sesamöl
vermengen und kurz mitbraten.

4 Das Ei in eine Tasse aufschlagen und mit einer
Gabel verquirlen. Ei über die Bratnudeln geben
und unter Rühren stocken lassen. Bratnudeln
mit Sojasauce würzen und genießen.

DAS KÜHLSCHRANK-ORAKEL

- **Gemüse à la Saison:** Je nach Jahreszeit
kannst du die Möhre im Frühling durch einen
kleinen Kohlrabi oder im Herbst und Winter
durch eine kleine Pastinake ersetzen. Auch
fein in den Bratnudeln schmecken Paprika,
Pilze, Chinakohl, Lauch oder Sprossen. Einfach
Gemüsefach checken und munter variieren.

- **Eiweiß-Plus:** Wer noch ein offenes Päckchen
Tofu im Kühlschrank liegen hat, der kann den
Tofu würfeln, zusammen mit Möhre, Frühlings-
zwiebel und Knoblauch in den Wok bzw. in die
Pfanne geben und mitbraten.

- **Knusper-Topping:** Da steht ja noch vom
gestrigen Fernsehabend die angebrochene
Dose mit gesalzenen Erdnüssen in der Küche!
Schnell 2 EL hacken und auf die fertigen
Nudeln streuen. Oder dümpelt da nicht im
Vorratsschrank noch eine Tüte Sesam vor sich
hin?! Schmeckt auch klasse als Topping!

66

XL-WEISSKOHL

FÜR SINGLES

EINKAUF UND LAGERUNG

- Für einen Ein-Personen-Haushalt ist ein Kohlkopf mit ca. 1 kg Gewicht ideal. So kann man ihn in vier Portionen teilen, ein Viertel gleich verwenden und den Rest beispielsweise einfrieren.
- Frischer Weißkohl hält sich im Gemüsefach des Kühlschranks ca. 10 Tage. Er sollte schön glänzen und die Blätter sollten prall sein.

VORBEREITEN

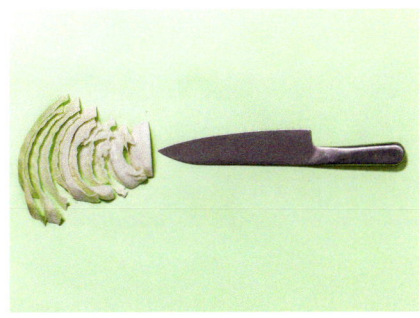

- Dazu die äußeren Blätter vom Weißkohlkopf (ca. 1 kg) entfernen und den Kohl vierteln. Den Strunk keilförmig herausschneiden, Kohl waschen und in grobe Streifen schneiden.
- Die Kohlstreifen nach Belieben portionsweise in kochendem Wasser ca. 3 Min. garen, dann in ein Sieb geben und gut abtropfen lassen.

TIEFKÜHLEN

- Kohl kann roh oder blanchiert eingefroren werden. Dazu die rohen bzw. blanchierten Kohlstreifen in vier Portionen teilen, die nicht sofort benötigten Portionen auf Gefrierbeutel verteilen, Luft in den Beuteln herausdrücken, diese verschließen und ins Tiefkühlfach legen.
- Die vorgegarte Variante eignet sich prima für die Kohlfleckerl, den Kohleintopf mit Tofu und die Käse-Kraut-Quiche (Rezepte s. S. 68/69).

WEISSKOHLSALAT

Zubereitung: ca. 15 Min. · Ziehzeit: ca. 1 Std. 30 Min. ·
Pro Portion: 275 kcal

*¼ Weißkohl (ersatzweise 250 g aufgetauter TK-Weißkohl) ·
1 rote Zwiebel · Salz · ½ TL Zucker · 2 TL Weißweinessig ·
2 EL Sonnenblumenöl · ½ TL gemahlener Kümmel · Pfeffer*

1 Den Kohl putzen, waschen und in feine Streifen
   schneiden. Die Zwiebel schälen und fein würfeln.
   Die Kohlstreifen (oder aufgetauten Kohl) zusammen mit ½ TL Salz, dem Zucker und 1 TL Essig in
   eine Schüssel geben und kräftig mit den Händen
   durchkneten, dann ca. 30 Min. ziehen lassen.
2 Die Zwiebelwürfel unter den Kohl heben. Restlichen Essig und das Sonnenblumenöl verrühren
   und mit dem Kümmel unter den Salat heben.
3 Den Salat 1 Std. ziehen lassen, dann mit Salz und
   Pfeffer abschmecken. Dazu passen Räuchertofu,
   Bratwürstchen oder Frikadellen.

KOHLFLECKERL

Zubereitung: ca. 35 Min. · Pro Portion: 315 kcal

*¼ Weißkohl (ersatzweise 250 g aufgetauter, vorgegarter
TK-Weißkohl) · 1 kleine Zwiebel · 1 kleine gelbe Paprika ·
2 EL Olivenöl · Salz · Pfeffer · 1 TL rosenscharfes Paprikapulver · ½ TL getrockneter Thymian · 200 ml Gemüsebrühe · 1 TL heller Sesam (nach Belieben)*

1 Weißkohl putzen, waschen und in feine Streifen
   schneiden. Die Zwiebel schälen und hacken.
   Die Paprikaschote waschen, halbieren, von den
   weißen Trennwänden und Kernen befreien und
   in feine Streifen schneiden.
2 Das Olivenöl in einer Pfanne erhitzen und den
   Kohl, die Zwiebel und die Paprika darin unter
   Wenden anbraten. (Jetzt TK-Weißkohl dazugeben.) Das Gemüse mit Salz und Pfeffer würzen.
   Dann Paprikapulver und Thymian einrühren und
   kurz mitbraten. Gemüse mit Brühe ablöschen.
3 Die Kohlfleckerl zugedeckt bei mittlerer Hitze
   ca. 20 Min. schmoren. Die Sesamsamen in
   einer Pfanne ohne Fett bei mittlerer Hitze unter
   Rühren rösten. Das Weißkohlgemüse mit Sesam
   bestreuen. Dazu schmeckt Basmati-Reis.

KOHLEINTOPF MIT TOFU

Zubereitung: ca. 40 Min. · Pro Portion: 530 kcal

¼ Weißkohl (ersatzweise 250 g aufgetauter, vorgegarter TK-Weißkohl) · 1 Zwiebel · 200 g vorwiegend festkochende Kartoffeln · 2 EL Sonnenblumenöl · 250 ml Gemüsebrühe · ½ TL gemahlener Kümmel · 100 g Räuchertofu · Salz · Pfeffer

1   Den Kohl putzen, waschen und fein schneiden. Zwiebel schälen und hacken. Kartoffeln schälen, waschen und in kleine Würfel schneiden.
2   Das Öl in einer Pfanne erhitzen, Zwiebel darin andünsten. Kohlstreifen (auch TK-Kohl) und die Kartoffelwürfel zugeben, kurz anbraten. Gemüse mit der Brühe ablöschen, den Kümmel zugeben und alles 15–20 Min. zugedeckt schmoren.
3   Den Tofu in Würfel schneiden, zum Eintopf geben und ca. 5 Min. darin zugedeckt erhitzen. Den fertigen Eintopf mit Salz und Pfeffer würzen, in einen tiefen Teller geben und genießen.

KÄSE-KRAUT-QUICHE

Zubereitung: ca. 25 Min. · Pro Portion: 1000 kcal

2 Platten TK-Blätterteig (à 75 g) · ¼ Weißkohl (ersatzweise 250 g aufgetauter, vorgegarter TK-Weißkohl) · 1 kleine Zwiebel · 1 EL Sonnenblumenöl · Salz · Pfeffer · ½ TL getrockneter Thymian · 100 ml kräftige Gemüsebrühe · 1 Ei (M) · 30 g kräftiger Bergkäse

1   Blätterteig auftauen. Kohl putzen, waschen und fein schneiden. Zwiebel schälen und hacken.
2   Den Backofen auf 180° vorheizen. Öl in einem Topf erhitzen und die Zwiebel darin andünsten. Kohl (auch TK-Kohl) zugeben, mit Salz, Pfeffer und Thymian würzen. Die Brühe zugießen. Alles zugedeckt 3–5 Min. schmoren, Topf vom Herd nehmen, das Gemüse abkühlen lassen.
3   Eine runde Quicheform (20 cm Ø) mit dem Teig auslegen. Den Boden mit einer Gabel mehrmals einstechen. Ei verquirlen. Käse reiben.
4   Kohl ausdrücken, mit Ei und Käse vermengen. Die Krautmasse auf dem Blätterteig verteilen. Überstehenden Teig abschneiden. Die Quiche im heißen Backofen (2. Schiene von unten) ca. 25 Min. backen.

SÜSSKARTOFFEL-FRITTATA
MIT SALAT

Süßkartoffeln sind die neuen Knollen-Hipster. Als Pommes oder Toast kommen sie bereits überall auf den Teller. Hier genießen wir sie in einer zimtwürzigen Eihülle.

Zubereitung: ca. 35 Min.
Pro Portion: 685 kcal

1 kleine Süßkartoffel (ca. 250 g)
3 EL Olivenöl
Salz
Pfeffer
Zimtpulver
2 Eier (M)

100 g gemischte Blattsalate
 (z. B. Wildkräutersalat)
1 TL Weißweinessig
1 TL mittelscharfer Senf
3 EL warme Gemüsebrühe
1 TL TK-Gartenkräuter

1 Die Süßkartoffel schälen und in 1 cm große Würfel schneiden. Die Würfel zusammen mit 2 EL Olivenöl, Salz, Pfeffer und 1 Prise Zimt in eine Schüssel geben und vermengen.

2 Eine Pfanne ohne Fett erhitzen und die marinierten Süßkartoffelwürfel darin bei niedriger Hitze unter Wenden ca. 15 Min. braten.

3 Eier in einem Rührbecher glatt verquirlen und mit Salz und Pfeffer würzen. Eier über die gegarten Kartoffeln geben und bei niedriger Hitze zugedeckt in ca. 8 Min. stocken lassen.

4 Inzwischen den Salat verlesen, waschen und trocken schleudern. Essig, Senf, Brühe sowie TK-Gartenkräuter in ein Schälchen geben und verrühren, dann das restliche Öl unterrühren. Salat und Vinaigrette vermengen.

5 Die Frittata auf einen Teller gleiten lassen, den Salat darauf anrichten und genießen.

DAS KÜHLSCHRANK-ORAKEL ⊚

- **Kartoffeln und Gemüse:** Die Kartoffeln in der Speisekammer könnten auch mal weg? Die Frittata schmeckt auch mit klassischen Speisekartoffeln, Steckrübe oder Kürbis.

- **Salat:** Sind noch zwei kleine Tomaten im Gemüsekorb? Dann waschen, klein würfeln und statt der Blattsalate mit der Vinaigrette vermengen. Das Gleiche gilt für Zucchini, Gurke, Paprika oder Möhre.

- **Hauptsache frisch!** Der kleine Rest Sour Cream oder Kräuterquark passt statt oder zusammen mit dem Salat auch gut zur Frittata.

- **Guacamole:** Süßkartoffel und Avocado sind eine mega Kombi. Wer nicht weiß, was er mit der Avocadohälfte vom Vortag anfangen soll, der zerdrückt sie, mischt sie mit klein gewürfelter Tomate, etwas Knoblauch, Zitronen- oder Limettensaft. Würzen kannst du das Avocadomus ganz nach Belieben mit Salz und Pfeffer plus Koriander, Chili, Kreuzkümmel, … und dann zur Frittata genießen.

XL-STECKRÜBE

FÜR SINGLES

EINKAUF UND LAGERUNG

- Steckrüben sind ein typisches Herbstgemüse – ihre Saison reicht von September bis in den April hinein. Die größten Exemplare der aromatischen Rüben bringen bis zu 2 kg auf die Waage.
- Im Gemüsefach des Kühlschrankes halten sie sich 2–3 Wochen frisch. Sind sie erst einmal angeschnitten, sollten sie allerdings innerhalb 1 Woche verbraucht werden.

PERFEKTE SINGLE-RÜBE

- Auch Steckrüben mittlerer Größe sind für eine Single-Portion deutlich zu groß. Eine mittel-große Steckrübe (ca. 1,2 kg) ergibt ca. vier Einzelportionen. Eine Portion sofort verwenden, die übrigen Portionen kannst du blanchieren, tiefkühlen und nach und nach die Rezepte von Seite 74/75 daraus zaubern.

TIEFKÜHLEN

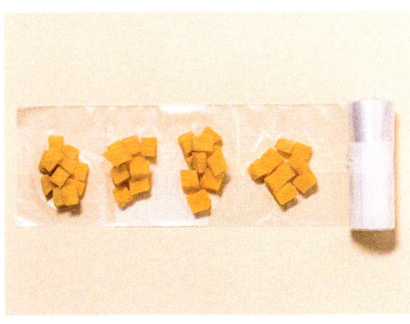

- Die Rübe schälen, halbieren, in 2 cm große Würfel schneiden und ca. 6 Min. in kochendem Wasser bissfest garen, abgießen, mit kaltem Wasser abschrecken und gut trocken tupfen.
- Streckrübenwürfel auskühlen lassen, dann in drei oder vier (je nachdem ob ein Viertel sofort verwendet wird) gleich große Portionen teilen. Steckrübenportionen in Gefrierbeutel geben, Luft in den Beuteln herausdrücken, diese ver-schließen und ins Tiefkühlfach legen.

RÜBENTOPF MIT ZIMT

Zubereitung: ca. 30 Min. · Pro Portion: 275 kcal

¼ Steckrübe (ersatzweise 250 g aufgetaute, vorgegarte TK-Steckrübe) · 1 dünne Stange Lauch · 2 große Tomaten · 1 Knoblauchzehe · 1 EL Olivenöl · ½ TL getrockneter Oregano · 2 Msp. Zimtpulver · 350 ml Gemüsebrühe · Salz · Pfeffer

1 Die Steckrübe schälen und in kleine Würfel schneiden. Lauch putzen, gründlich waschen und in Ringe schneiden. Tomaten waschen, von den Stielansätzen befreien und würfeln. Knoblauch schälen und in dünne Scheiben schneiden.
2 Öl in einem Topf erhitzen und Steckrübe, Lauch und Knoblauch darin kräftig anbraten. (Jetzt erst TK-Steckrübe zugeben.) Oregano und Zimt zugeben und kurz mitbraten. Tomaten zugeben und mit Brühe ablöschen. Eintopf 10–15 Min. zugedeckt bei niedriger Hitze garen und dann mit Salz und Pfeffer abschmecken.

STECKRÜBE SÜSSSAUER

Zubereitung: ca. 25 Min. · Pro Portion: 340 kcal

¼ Steckrübe (ersatzweise 250 g aufgetaute, vorgegarte TK-Steckrübe) · 1 kleine rote Paprika · 4 EL Sojasauce · 4 EL Sweet-Chili-Sauce · 2 EL Sherry (nach Belieben) · 2 TL Limettensaft · 1 EL Sonnenblumenöl · 1 EL Cashewkerne

1 Die Steckrübe schälen und in kleine Würfel schneiden. Die Paprika waschen, halbieren, von weißen Trennwänden und Kernen befreien und in schmale Streifen schneiden.
2 3 EL Sojasauce,die Sweet-Chili-Sauce, nach Belieben den Sherry und den Limettensaft in eine Tasse geben und verrühren.
3 Sonnenblumenöl in einem Wok oder in einer hohen Pfanne erhitzen und die Steckrübenwürfel (jetzt auch die TK-Steckrübe) sowie die Paprikastreifen darin unter ständigem Rühren in 2–3 Min. kräftig anbraten.

4 Marinade zugeben und das Gemüse 8 Min. unter gelegentlichem Rühren zugedeckt garen. Das Gemüse mit Sojasauce abschmecken. Die Cashewkerne hacken und darüberstreuen. Dazu schmeckt Basmati-Reis sehr gut.

RÜBEN-NUDEL-TOPF

Zubereitung: ca. 25 Min. · Pro Portion: 500 kcal

50 g Nudeln (z. B. Spirelli) · Salz · ¼ Steckrübe (ersatz-
weise 250 g aufgetaute, vorgegarte TK-Steckrübe) · 1 dünne
Stange Lauch · 1 Knoblauchzehe · 2 EL Olivenöl · Pfeffer ·
½ TL gemahlener Kreuzkümmel · 350 ml Gemüsebrühe

1 Die Nudeln in kochendem Salzwasser nach
   Packungsanweisung bissfest garen. Inzwischen
   die Steckrübe schälen und in kleine Würfel
   schneiden. Den Lauch putzen, längs halbieren,
   gründlich waschen und in Stücke schneiden.
   Knoblauch schälen und fein hacken.
2 Öl in einem Topf erhitzen und den Knoblauch
   darin anbraten. Lauch und Steckrübe zugeben
   und anbraten. (Jetzt erst die TK-Rübe zugeben.)
   Salz, Pfeffer, Kreuzkümmel und Brühe zugeben
   und den Eintopf zugedeckt 8–12 Min. garen.
   Nudeln abgießen und untermischen.

STECKRÜBENGRATIN

Zubereitung: ca. 25 Min. · Backzeit: ca. 20 Min. ·
Pro Portion: 465 kcal

¼ Steckrübe (ersatzweise 250 g aufgetaute, vorgegarte
TK-Steckrübe) · 250 ml Gemüsebrühe · 1 große Tomate ·
1 kleiner rotschaliger Apfel · 1 EL Butter · 1 gehäufter TL
Mehl · 225 ml Milch · Salz · Pfeffer · 20 g mittelalter Gouda

1 Die Steckrübe schälen, klein würfeln und
   in der kochenden Gemüsebrühe ca. 8 Min.
   garen, dann abgießen und abtropfen lassen.
   Den Backofen auf 200° vorheizen. Tomate
   waschen, vom Stielansatz befreien und würfeln.
   Apfel waschen, achteln, schälen und entkernen.
2 Die Butter in einem Topf erhitzen. Das Mehl
   darin anschwitzen, die Milch unter Rühren dazugeben und die Sauce aufkochen. Alle vorbereiteten Zutaten (jetzt auch die TK-Rübe) mit der
   Sauce vermengen, salzen und pfeffern.

3 Die Gemüsemischung in eine kleine gefettete
   Auflaufform geben. Den Gouda grob reiben
   und auf die Mischung streuen. Das Steckrüben-
   gratin in ca. 20 Min. im heißen Ofen (2. Schiene
   von unten) goldbraun backen.

KAISERSCHMARRN MIT BEEREN

Manchmal muss es einfach etwas Süßes sein! Hier kommen Naschkatzen auf ihre
Kosten. Der Schmarrn schmeckt auch kalt sehr lecker – prima fürs Büro!

Zubereitung: ca. 20 Min.
Pro Portion: 780 kcal

1 TL Rosinen
1 EL brauner Rum (ersatz-
  weise Orangensaft)
2 Eier (M)
1 EL Zucker
Salz

100 ml Milch
80 g Mehl
1 EL Butter
100 g frische Beeren (z. B. Himbeeren,
  Johannisbeeren, Heidelbeeren)
Puderzucker

1 Die Rosinen in eine Tasse geben, den Rum
  dazugeben und die Rosinen darin einweichen.
  Die Eier trennen. Die Eiweiße in einen hohen
  Rührbecher geben und mit den Rührbesen des
  Handrührgeräts steif schlagen.

2 Eigelbe, Zucker und 1 Prise Salz in eine Rührschüssel geben und mit den Rührbesen des
  Handrührgeräts cremig rühren. Milch und Mehl
  abwechselnd unter Rühren zugeben und den
  Schüsselinhalt zu einem Teig verrühren.

3 Rosinen samt Rum zum Teig geben und unterrühren. Eischnee mit einem Schneebesen oder
  Teigspatel vorsichtig unter den Teig heben,
  sodass eine glatte Masse entsteht.

4 Die Butter in einer kleinen beschichteten
  Pfanne mit hohem Rand erhitzen, den Teig
  hineingeben und zugedeckt in 8–10 Min. bei
  niedriger Hitze stocken lassen.

5 Den Teig mit einem Pfannenwender in kleine
  Stücke teilen und die Stücke unter Wenden
  rundherum goldbraun braten.

6 Die Beeren verlesen, abbrausen, trocken tupfen
  und bei Bedarf klein schneiden. Den Schmarrn
  auf einen Teller geben, die Beeren darauf verteilen und Puderzucker darüberstäuben.

SAISON-TIPP

Im Herbst, wenn die Beerenzeit vorüber ist,
schmeckt dieser Schmarrn mit frisch geernteten
Äpfeln einfach köstlich. Dazu den Teig wie oben
beschrieben zubereiten. Dann einen kleinen
rotschaligen Apfel (z. B. Elstar) waschen, vierteln
und entkernen. Das Fruchtfleisch in feine Würfel
schneiden und in 1 EL geschmolzener Butter bei
niedriger Hitze ca. 5 Min. braten. Apfelwürfel aus
der Pfanne nehmen und 1 TL Butter in die heiße
Pfanne geben. Dann den Teig zugießen und die
Apfelwürfel darauf verteilen. Den Schmarren wie
im Rezept beschrieben backen und zum Schluss
mit Puderzucker bestäuben.

PASTA, REIS UND CO.

SCHINKENNUDELN IN ERBSEN-SAHNE-SAUCE

»Pimp me up!«, rief die Schinkennudel und bekam ein feines Sößchen aus
Sahne, Parmesan und knackigen Erbsen. Einfach unwiderstehlich!

Zubereitung: ca. 20 Min.
Pro Portion: 905 kcal

100 g breite Bandnudeln
Salz
75 g TK-Erbsen
1 Scheibe Kochschinken (ca. 25 g)
1 Knoblauchzehe
1 EL Butter
3 EL trockener Weißwein

100 ml Rinderbrühe
100 g Sahne
Pfeffer
10 g Parmesan
frisch geriebene Muskatnuss
1 TL Zitronensaft

1 Die Bandnudeln in kochendem Salzwasser nach
   Packungsanweisung bissfest garen. 2 Min. vor
   Garzeitende die Erbsen dazugeben, anschließend Nudeln und Erbsen zusammen in ein Sieb
   abgießen und abtropfen lassen.
2 Inzwischen den Schinken in Streifen schneiden.
   Den Knoblauch schälen und fein hacken.
3 Butter in einer Pfanne erhitzen, den Knoblauch
   darin andünsten und mit Wein, Brühe sowie
   Sahne aufgießen. Die Sauce aufkochen und mit
   Salz und Pfeffer würzen.
4 Nudeln, Schinken und Erbsen in die heiße
   Sauce geben, alles locker vermengen und noch
   2 Min. zugedeckt ziehen lassen.
5 In der Zwischenzeit den Parmesan reiben. Die
   Schinkennudeln mit Salz, Pfeffer, 1 Prise Muskat
   und Zitronensaft abschmecken, auf einen Pasta-
   teller geben und mit Parmesan bestreuen.

DAS KÜHLSCHRANK-ORAKEL

- **Wurst und Käse:** Guck doch mal in die
  Wurst- oder Käsedose im Kühlschrank. Ist da
  noch etwas vom Frühstück oder Abendbrot
  übrig? Salami, Parmaschinken, Schnitt- oder
  Weichkäse einfach klein schnippeln und die
  Nudelsauce damit noch feiner machen.
- **Milch statt Sahne:** Sahne beim Einkauf vergessen oder keine Lust auf einen angebroche-
  nen Becher? Nicht so schlimm … einfach die
  angegebene Menge durch die gleiche Menge
  Vollmilch oder Kondensmilch ersetzen. Frischkäse – egal ob mit oder ohne Kräuter – geht
  natürlich auch als Sahne-Alternative.
- **Gemüse:** Da liegt noch ein Stück Zucchino,
  Aubergine oder eine kleine Paprikaschote im
  Gemüsekorb? Das Gemüse fein würfeln und
  anstelle der Erbsen für die Sauce verwenden.
  Die Gemüsewürfel zusammen mit dem Knoblauch in der Butter andünsten.
- **Wein:** Kein Wein im Haus? Einfach durch die
  gleiche Menge Rinderbrühe ersetzen.

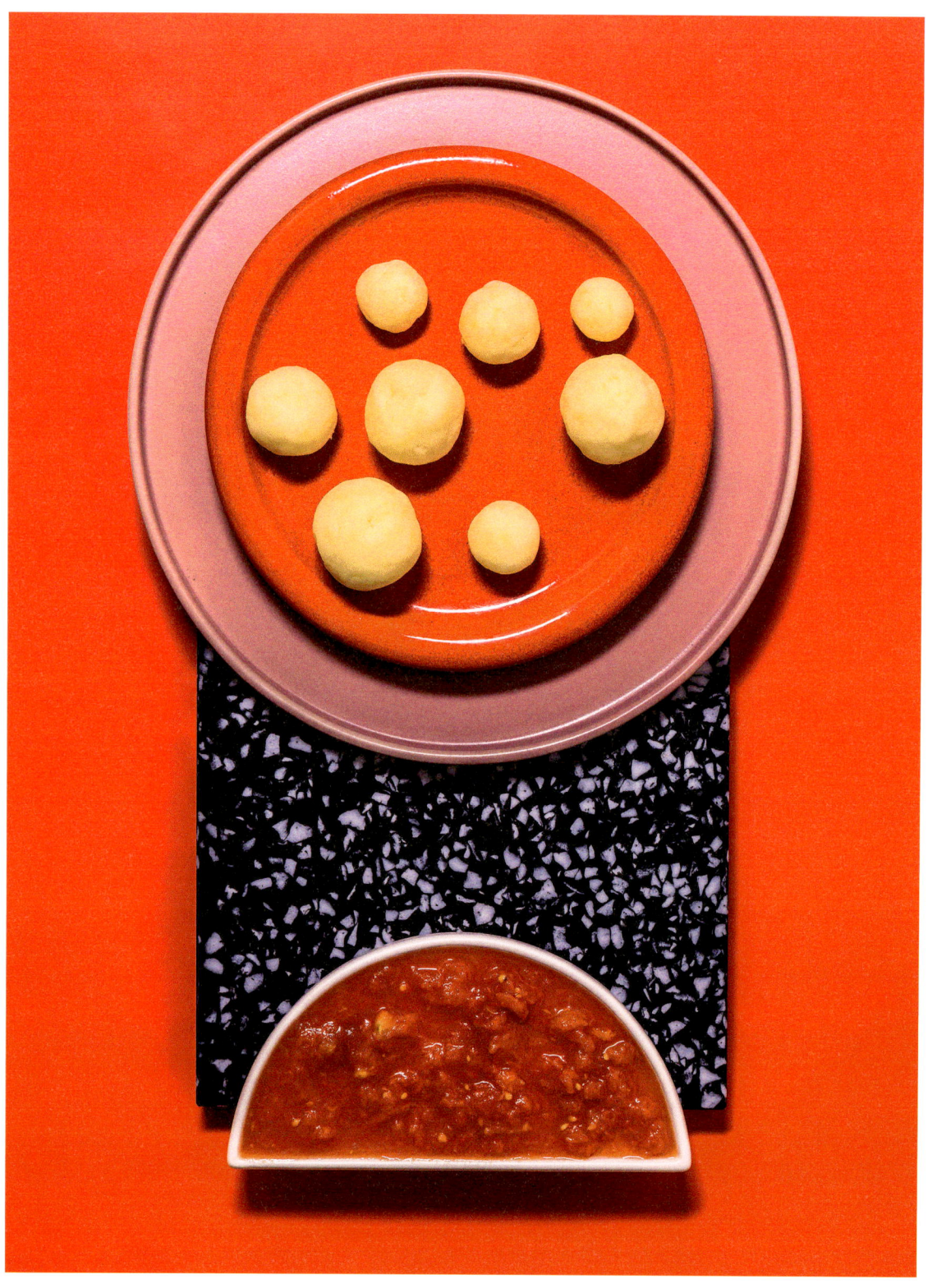

SPIN-OFF KARTOFFELKNÖDELTEIG UND DOSENTOMATEN

FIX GEKNÖDELT

- Kartoffelknödel sind recht aufwendig herzustellen, werden meist in größeren Mengen zubereitet und sind somit nicht das typische Single-Essen. Aber Knödel sind nun mal lecker und deshalb … sind wir diesmal nicht so streng und greifen zum Halbfertigprodukt.

AUFBEWAHREN

- Frischen Kartoffelknödelteig findest du in 750-g-Packungen im Kühlregal des Supermarkts. Damit kann man zwei Gerichte für Singles mit großem Hunger zubereiten.
- Der Teig bleibt im Kühlschrank ca. 3 Tage frisch. Dazu den angebrochenen Beutel mit einem Clip verschließen.

TOMATEN AUS DER DOSE

- Die Tomaten kommen reif und voller Aroma in die Dose und sind oft leckerer als frische Tomaten im Herbst und Winter. Doch eine 400-g-Dose ist für eine Mahlzeit oft zu viel. Deshalb die Reste in ein Kunststoffgefäß umfüllen, luftdicht verschließen und im Kühlschrank maximal 3 Tage aufbewahren. Wer die Tomaten nicht so schnell verwerten kann, der füllt sie in eine Plastikbox und friert sie ein.

GEFÜLLTE KNÖDEL MIT TOMATENRAGOUT

Herrlich deftig kommen die gefüllten Knödel daher – genau das Richtige für kalte
Tage und großen Hunger. Das i-Tüpfelchen ist die fruchtige Tomatensauce.

Zubereitung: ca. 40 Min.
Pro Portion: 910 kcal

375 g Kartoffelknödelteig (Kühlregal)
150 g Rinderhackfleisch
Salz
Pfeffer
1 TL mittelscharfer Senf
½ TL getrockneter Thymian
1 Schalotte
1 EL Olivenöl
300 g stückige Tomaten (aus der Dose)

1 Den Kartoffelknödelteig durchkneten. Das
  Rinderhackfleisch in eine Schüssel geben, mit
  Salz, Pfeffer, Senf und getrocknetem Thymian
  würzen. Den Fleischteig durchkneten und mit
  angefeuchteten Händen daraus drei gleich
  große Hackbällchen formen.

2 Den Knödelteig in drei Portionen teilen und
  diese zu runden Teigplätzchen (ca. 8 cm Ø)
  formen. Hackbällchen mittig darauflegen und
  mit dem Knödelteig vollständig umschließen.
  Die Knödel in kochendes Salzwasser geben,
  aufkochen und bei niedriger Hitze ca. 25 Min.
  zugedeckt simmern lassen.

3 Inzwischen die Schalotte schälen und in Spalten
  schneiden. Das Öl in einem Topf erhitzen und
  die Schalotte darin anbraten. Stückige Tomaten
  zugeben und ca. 5 Min. offen schmoren lassen.
  Die Sauce mit Salz und Pfeffer würzen. Die
  fertigen Knödel aus dem Wasser heben und mit
  dem Tomatenragout anrichten.

SAISON-TIPP ⊕

In der kalten Jahreszeit schmeckt auch ein
herzhaftes Lauchgemüse zu den Knödeln.
Dazu 1 kleine Stange Lauch putzen, längs
aufschneiden, gründlich waschen und in dünne
Ringe schneiden. 1 EL Öl in einem Topf erhitzen,
die Lauchringe darin anbraten und mit Salz und
Pfeffer würzen. Das Gemüse mit 75 ml Wasser
ablöschen und offen so lange köcheln lassen,
bis die Flüssigkeit fast verdampft ist. Dann
1 EL Kräuterfrischkäse und 5 EL Milch glatt verrühren und zum Gemüse geben. Das Lauchgemüse aufkochen und mit Salz, Pfeffer und
1 Prise frisch geriebener Muskatnuss würzen.

Am nächsten Tag gibt's …

KARTOFFELPIZZA
MIT SPECK UND PILZEN

Zubereitung: ca. 20 Min.
Backzeit: ca. 25 Min.
Pro Portion: 590 kcal

100 g stückige Tomaten (aus der Dose)
375 g Kartoffelknödelteig (Kühlregal)
1 TL Olivenöl
1 Frühlingszwiebel
50 g Champignons
1 Scheibe durchwachsener
  Räucherspeck (ca. 20 g)
Salz
Pfeffer
20 g würziger Bergkäse

1 Die Tomaten in ein feines Sieb geben und abtropfen lassen. Den Backofen auf 200° vorheizen. Den Knödelteig in eine Schüssel geben und mit den Händen durchkneten. Ein Backblech mit Backpapier belegen.

2 Den Knödelteig auf dem Backblech zu einem runden Boden (ca. 25 cm Ø) formen und anschließend mit dem Olivenöl bestreichen.

3 Frühlingszwiebel putzen, waschen und schräg in dünne Ringe schneiden. Pilze putzen, eventuell mit einem Tuch abreiben und in dünne Scheiben schneiden. Den Speck klein würfeln.

4 Die Tomaten auf dem Knödelteig verstreichen, dabei einen 1 cm breiten Rand frei lassen, und die Pizza mit Salz und Pfeffer würzen.

5 Speck, Frühlingszwiebeln und Pilze darauf verteilen. Den Käse grob reiben und auf der Pizza verteilen. Die Kartoffelpizza im heißen Backofen (2. Schiene von unten) 20–25 Min. backen. Die fertige Pizza mit Pfeffer würzen.

DAS KÜHLSCHRANK-ORAKEL ⊙

- **Schinken und Salami:** Statt Speck kannst du auch klein geschnittenen Schinken oder gewürfelte Salami auf die Pizza geben.

- **Lust auf Flammkuchen?** Dann 1–2 EL glatt gerührten (Ziegen-)Frischkäse mit oder ohne Kräuter, Crème fraîche oder Schmand anstelle der Tomatensauce auf den Boden streichen und wie im Rezept oder nach Herzenslust auch ganz anders belegen. Tolle Kombis on top sind Räucherlachs und Frühlingszwiebel oder hauchdünne Kürbisscheibchen, Parmaschinken und Walnusskerne.

- **Kräuterfrisches Topping:** Rucola, Basilikum oder Schnittlauch hacken und auf die fertig gebackene Pizza streuen.

ORIENTALISCHER NUDELTOPF MIT SOMMERGEMÜSE

Wenig Kalorien, viel Geschmack ist der Slogan dieses One-Pot-Gedichts,
das mit feinen Gewürzen aus 1001 Nacht eine gute Figur im Suppentopf macht.

Zubereitung: ca. 25 Min.
Pro Portion: 465 kcal

60 g kleine Hörnchennudeln
Salz
1 mittelgroße Möhre
1 kleine rote Paprika
2 Frühlingszwiebeln
2 EL Olivenöl

1 TL Tomatenmark
1 Msp. Zimtpulver
1 Msp. gemahlener Kreuzkümmel
1 kleines Lorbeerblatt
400 ml Gemüsebrühe
Pfeffer

1 Die Nudeln nach Packungsanweisung in kochendem Salzwasser bissfest garen, dann abgießen, kalt abschrecken und abtropfen lassen.
2 Inzwischen die Möhre putzen, schälen und zuerst längs vierteln, dann quer in kleine Stücke schneiden. Paprika waschen, halbieren, von weißen Trennwänden und Kernen befreien und in dünne Streifen schneiden. Frühlingszwiebeln putzen, waschen und anschließend schräg in etwa 1 cm große Stücke schneiden.
3 Olivenöl in einem Topf erhitzen und Paprika-, Möhren- und Frühlingszwiebelstücke darin anbraten. Das Tomatenmark dazugeben und kurz anrösten. Zimt und Kreuzkümmel einrühren und ebenfalls kurz mitbraten.
4 Das Lorbeerblatt in den Topf geben und das Gemüse mit der Gemüsebrühe ablöschen. Den Eintopf aufkochen und bei mittlerer Hitze zugedeckt 15 Min. köcheln lassen.
5 Nach der Garzeit die abgetropften Nudeln zum Gemüse geben und darin erhitzen. Den Nudeltopf mit Salz und Pfeffer abschmecken.

DAS KÜHLSCHRANK-ORAKEL

- **Gemüse:** Gemüsesuppen sind perfekte Resteverwerter. Darin kannst du alle Gemüseüberbleibsel verkochen – von der Kartoffel über den Rest Bohnen im Tiefkühlfach bis hin zum angeschnittenen Spitzkohl.
- **Kräuter und Gewürze:** Keine Lust auf Orientalisch? Dann die Suppe statt mit Kreuzkümmel und Zimt mit Rosmarin, Thymian und Bohnenkraut würzen. Außer einem kleinen Rest Sojasauce nix im Gewürzregal? Suppe damit abschmecken und alles ist prima!
- **Nudeln und so:** Bei den Nudeln geht alles – selbst Spaghetti sind kein Problem. Die aber lieber vor dem Kochen durchbrechen. Reis, Hirse und Quinoa sind aber auch lecker als Einlage im Suppentopf.

KARTOFFEL-LAUCH-TOPF
MIT LACHS

Ein Topf voller Gutem, der einem ganz alleine die Seele wärmt, der aber auch ohne Probleme in drei-, vier-, fünffacher Menge noch ein paar Freunde satt und glücklich macht.

Zubereitung: ca. 35 Min.
Pro Portion: 665 kcal

1 dünne Stange Lauch
250 g Kartoffeln
2 EL Sonnenblumenöl
Salz

Pfeffer
200 ml Gemüsebrühe
150 g Lachsfilet (ohne Haut)
1 EL gemischte TK-Kräuter

1 Den Lauch putzen, längs halbieren, gründlich waschen und dann in ca. 1 cm dicke Stücke schneiden. Die Kartoffeln schälen, waschen und in 1 cm große Würfel schneiden.

2 Das Sonnenblumenöl in einem Topf erhitzen, Lauch- und Kartoffelstücke darin andünsten und mit Salz und Pfeffer würzen.

3 Das Gemüse mit Brühe ablöschen und bei mittlerer Hitze zugedeckt ca. 12 Min. köcheln lassen, dabei regelmäßig umrühren.

4 Inzwischen das Lachsfilet kalt abspülen, trocken tupfen und in ca. 2 cm dicke Stücke schneiden.

5 Die TK-Kräuter in den Eintopf rühren. Anschließend die Lachswürfel in den Eintopf legen und diese in ca. 5 Min. zugedeckt garen, der Eintopf sollte dabei nicht mehr kochen.

6 Sobald der Lachs gar ist, den Eintopf mit Salz und Pfeffer abschmecken, in einem tiefen Teller anrichten und genüsslich loslöffeln.

SAISON-TIPP ⚘

Eintöpfe isst man am liebsten zur kalten Jahreszeit und da schmeckt der Kartoffel-Lachs-Topf anstelle von Lauch auch mit Spitzkohl oder Wirsing. Oder tausch die Kartoffeln doch mal gegen ein Stück Hokkaido-Kürbis aus. Im Frühling können zarte Möhren oder Kohlrabi den Lauch ersetzen, dann solltest du noch eine gewürfelte Schalotte mit dem Gemüse andünsten. Sommerliches Flair bringen eine kleine rote Paprika, eine Knoblauchzehe plus etwas getrockneter Thymian in den Eintopf.

SPIN-OFF KARTOFFELN UND RUCOLA

KARTOFFELN

- Du solltest die Knollen nach dem Einkauf kühl (zwischen 4° und 8°) und dunkel lagern, am besten in einem luftdurchlässigen Gefäß oder Beutel, wie z. B. in einem Leinensack oder in einer Holzkiste. So bleiben die Kartoffeln locker 3 Wochen gut in Form.
- Für Pellkartoffeln eignen sich am besten festkochende oder vorwiegend festkochende Sorten wie Annabelle oder Granola.

MEAL PREP PELLKARTOFFELN

- Kartoffeln waschen und in einem Topf knapp mit Wasser bedecken. Das Wasser zum Kochen bringen, die Kartoffeln darin je nach Größe in 20–30 Min. garen, dann abgießen, mit kaltem Wasser abschrecken und auskühlen lassen.
- Sie halten sich im Kühlschrank ca. 3 Tage und eignen sich als schnelle Suppenzutat, für Bratkartoffeln, Küchlein, Aufläufe, …

RUCOLA

- Schon ein paar Blättchen Rucola verleihen gemischten Salaten, Sandwiches, Bowls oder Pasta Raffinesse. Auf dem Markt wird Rucola meist als Bund angeboten, im Supermarkt bekommt man in oft nur abgepackt.
- Reste der Packung kannst du z. B. zu Pesto verarbeiten (s. Tipp S. 92), auf die Pizza streuen oder als Sandwich-Belag genießen.

KARTOFFEL-PETERSILIEN-SUPPE MIT RUCOLAPESTO

Wenn es draußen kühler wird, schmeckt die Suppe mit Petersilienwurzel besonders gut. Aromaplus bringt das selbst gemachte Pesto-Topping.

Zubereitung: ca. 25 Min.
Pro Portion: 555 kcal

300 g vorwiegend fest-
  kochende Kartoffeln
1 Petersilienwurzel
3 EL Olivenöl
300 ml Gemüsefond
½ Bund Rucola
1 Knoblauchzehe
20 g Parmesan
Salz
Pfeffer
1 Msp. edelsüßes Paprikapulver
1 TL getrockneter Majoran

1 Die Kartoffeln schälen, waschen und in kleine Würfel schneiden. Die Petersilienwurzel schälen und in sehr kleine Stücke schneiden.

2 1 EL Öl in einem Topf erhitzen. Petersilienwurzel und Kartoffeln kurz darin anbraten. Gemüse mit dem Gemüsefond ablöschen und in ca. 10 Min. zugedeckt bei mittlerer Hitze garen.

3 Rucola putzen, waschen, trocken tupfen und grobe Stiele abschneiden. Blätter sehr fein hacken und in eine Schüssel geben. Knoblauch schälen und dazupressen. Parmesan fein reiben und zugeben. Rucolapesto mit 1 EL heißem Wasser verrühren, salzen und pfeffern. Zum Schluss das restliche Öl unterrühren.

4 Die Suppe mit dem Pürierstab fein pürieren, mit Salz, Pfeffer, Paprikapulver und Majoran würzen und nochmals aufkochen. Die Suppe in einen tiefen Teller geben und mit dem Rucolapesto toppen. Dazu schmeckt Roggenbrot.

RESTE-TIPP ◖

Pesto ist eine wunderbare und sehr leckere Möglichkeit, übrige Kräuter haltbar zu machen. Rucola, Petersilie, Basilikum oder Koriandergrün nach Belieben zusammen mit geriebenem Parmesan, etwas Knoblauch, ein paar Nüssen oder Kernen und Öl in einen hohen Rührbecher geben und mit dem Pürierstab fein pürieren. Das Pesto mit Salz und Pfeffer abschmecken, in ein sauberes Schraubglas füllen, mit Öl bedecken und in den Kühlschrank stellen. So aufbewahrt hält es sich ca. 4 Wochen und ist mit Pasta vermischt ein superschnelles Abendessen nach einem langen Arbeitstag.

PELLKARTOFFELSALAT MIT RUCOLA

Zubereitung: ca. 25 Min.
Pro Portion: 310 kcal

300 g vorwiegend festkochende Kartoffeln
1 kleine Schalotte
1 EL Olivenöl
5 EL Gemüsebrühe
1 TL Essig (z. B. Weißweinessig)
1 TL körniger Senf
Salz
Pfeffer
3 getrocknete, in Öl eingelegte Tomaten
½ Bund Rucola

1   Die Kartoffeln in einem Topf knapp mit Wasser bedecken, zum Kochen bringen und zugedeckt bei mittlerer Hitze in 20–30 Min. garen.
2   Inzwischen die Schalotte schälen und in feine Scheiben schneiden. Olivenöl in der Pfanne erhitzen, die Schalotte darin kurz andünsten, mit Gemüsebrühe und Essig ablöschen, aufkochen und dann vom Herd nehmen.
3   Die Schalotten-Vinaigrette in eine Schüssel geben, den Senf unterrühren und die Sauce mit Salz und Pfeffer würzen. Die getrockneten Tomaten abtropfen lassen und das Öl dabei auffangen. Dann die Tomaten in dünne Streifen schneiden. Rucola putzen, waschen, trocken tupfen und grob hacken.
4   Kartoffeln nach Belieben pellen, in Stücke schneiden und mit der Vinaigrette vermengen. Tomatenstreifen und Rucola unterheben. Den Kartoffelsalat mit Salz und Pfeffer abschmecken und mit dem Tomatenöl beträufeln.

DAS KÜHLSCHRANK-ORAKEL ◉

- **Deftig:** Statt getrockneter Tomaten und Rucola kannst du auch ein hart gekochtes Ei, ein paar Gewürzgürkchen und Fleischwurst unter die Kartoffeln heben.
- **Mediterran:** Pestoreste, eingelegtes Antipastigemüse, Kapern und Oliven bieten jede Menge Spielraum, den Kartoffelsalat noch etwas mediterraner zu gestalten. Es gilt das Rumfort-Prinzip: Gib zum Salat, was an oben Genanntem rumliegt und fort muss.
- **Käse:** Feta, Mozzarella, Parmesan und Ziegenkäse passen ebenfalls on top in den Salat.

GRIECHISCHE REISPFANNE MIT LAMM UND ZAZIKI

Zartes Lamm, erfrischender Zaziki und knackige grüne Bohnen lassen dich vom letzten Urlaub im Süden träumen. Einfach Augen zu und lange genießen!

Zubereitung: ca. 35 Min.
Pro Portion: 595 kcal

60 g Langkornreis
Salz
150 g grüne TK-Bohnen
1 Lammfilet (ca. 80 g)
1 große Tomate

1 Mini-Gurke
2 TL Olivenöl
Pfeffer
150 g Joghurt (3,5 % Fett)
1 Knoblauchzehe

1 Den Reis in 250 ml kochendes Salzwasser geben und so lange bei niedriger Hitze zugedeckt kochen, bis die Reiskörner die Flüssigkeit aufgesogen haben und gar sind. Den Reistopf von der heißen Herdplatte nehmen.

2 Die Bohnen zusammen mit wenig Salzwasser in einen Topf geben, nach Packungsanweisung garen, dann abgießen und abtropfen lassen.

3 Das Lammfilet waschen, trocken tupfen und in Würfel schneiden. Die Tomate waschen, vom Stielansatz befreien und klein würfeln. Gurke schälen und dann grob raspeln.

4 1 TL Olivenöl in einer Pfanne erhitzen und das Fleisch darin in ca. 5 Min. goldbraun braten, dann mit Salz und Pfeffer würzen. Die Fleischwürfel aus der Pfanne auf einen Teller geben und beiseitestellen.

5 Tomatenwürfel und 50 ml Wasser in die heiße Pfanne geben und ca. 3 Min. köcheln lassen. Die Sauce mit Salz und Pfeffer würzen. Fleisch, Bohnen und Reis zu den Tomaten geben und zugedeckt bei niedriger Hitze erwärmen.

6 Joghurt und Gurkenraspel in eine Schüssel geben, verrühren und mit Salz, Pfeffer und 1 TL Olivenöl abschmecken. Knoblauchzehe schälen, zum Zaziki pressen und unterrühren. Den Zaziki zur Reispfanne reichen.

DAS KÜHLSCHRANK-ORAKEL ✇

- **Reis & Co.:** Die Reispfanne funktioniert auch ohne Reis. Rote Linsen, Hirse, Reisnudeln und Quinoa sind wunderbare Alternativen dafür.
- **Fleisch:** Im ewigen Eis des Tiefkühlfachs ruht seit längerem ein Rindersteak und wird nicht besser? Sollte Lamm nicht dein Ding oder schwer zu bekommen sein: Zur Reispfanne passt alles Kurzgebratene von Geflügel über Rind bis zu Minutensteaks vom Schwein.
- **Zaziki:** Statt Joghurt mit 3,5 % Fett schmeckt auch Sahnejoghurt (10 % Fett), Speisequark, Schmand oder Schichtkäse im Zaziki.

ASIATISCHES REISFLEISCH

Das berühmte serbische Reisfleisch mit Paprika und Schweinefleisch begibt sich auf eine
Reise nach Asien und hüllt sich in Aromen von Ingwer, Sojasauce und Koriander.

Zubereitung: ca. 30 Min.
Pro Portion: 750 kcal

1 kleine rote Zwiebel
1 Stück Ingwer (ca. 2 cm lang)
½ rote Chilischote
100 g Rinderhackfleisch
Salz
Pfeffer
2 EL Sonnenblumenöl
1 Msp. Zimtpulver

50 g Basmati-Reis
250 ml Gemüsebrühe
50 g TK-Erbsen
1 Frühlingszwiebel
1 kleines Bund Koriandergrün
1 EL Cashewkerne
1 EL Sojasauce

1 Zwiebel und Ingwer schälen. Die Zwiebel
halbieren und in dünne Spalten schneiden, den
Ingwer fein hacken. Die Chilischote waschen,
entkernen und fein hacken.

2 Das Hackfleisch mit Salz und Pfeffer würzen.
1 EL Öl in einem Topf erhitzen und das Hackfleisch darin krümelig braten. Chili, Ingwer und
Zwiebel dazugeben und kurz mitbraten, dann
die Hackfleischmischung aus dem Topf nehmen
und auf einen Teller geben.

3 Restliches Öl in den heißen Topf geben, Zimt
und Reis darin anbraten, mit Brühe ablöschen
und zugedeckt bei mittlerer Hitze in 7–8 Min.
garen. Anschließend die gefrorenen Erbsen
zugeben und ca. 5 Min. mitgaren.

4 Die Frühlingszwiebel putzen, waschen und fein
hacken. Das Koriandergrün waschen, trocken
tupfen und Blätter sowie zarte Stiele hacken.
Die Cashewkerne ebenfalls grob hacken.

5 Das Hackfleisch zum Reis geben, locker unterheben und erwärmen. Reisfleisch mit Sojasauce
abschmecken, auf einem Teller anrichten und
mit Cashewkernen, Frühlingszwiebeln und
gehacktem Koriandergrün bestreuen.

PLAN-B-TIPP ⇄

Wer nicht so weit reisen möchte, kann auch
in Europa bleiben. 1 kleine Paprika anstelle
der Erbsen verwenden und gewürzt wird mit
süßem oder scharfem Paprikapulver. Sojasauce,
Cashews, Ingwer, Zimt und Koriandergrün dann
weglassen – fertig ist der Balkan-Klassiker. Wenn
vorhanden, darf gerne noch 1 Knoblauchzehe
mit ins Reisfleisch. Und wer noch einen Rest
Feta im Kühlschrank hat, der kann den gerne
darüberbröckeln. Es muss auch nicht unbedingt
Rinderhackfleisch sein. Schweinehackfleisch
oder gebratene Puten- oder Hähnchenstreifen
passen genauso gut ins Reisfleisch – egal ob
Asia- oder Balkan-Variante.

GEBRATENER FISCH MIT WASABI-KARTOFFEL-PÜREE

Kartoffelbrei weckt Erinnerungen – schon als Kind war er für die meisten ein Wohlfühlessen. Jetzt ist der Liebling aus Kindertagen erwachsen geworden und kommt mit asiatischem Meerrettich und edlem Fisch auf den Teller.

Zubereitung: ca. 35 Min.
Pro Portion: 575 kcal

1 TL heller Sesam (nach Belieben)
250 g mehligkochende Kartoffeln
Salz
1 TL Butter
80 ml Milch
1 TL geröstetes Sesamöl

1 TL Wasabipaste
½ TL Limettensaft
150 g Fischfilet (z. B. Thunfisch oder Lachs)
1 EL Sonnenblumenöl

1 Den Sesam, falls verwendet, in einer Pfanne ohne Fett unter Rühren bei mittlerer Hitze goldbraun rösten, dann aus der Pfanne auf einen Teller schütten und auskühlen lassen.

2 Für das Püree die Kartoffeln schälen, waschen und in Stücke schneiden. Kartoffelstücke in kochendem Salzwasser zugedeckt bei mittlerer Hitze in 20–25 Min. garen. Die Kartoffeln in ein Sieb abgießen, abtropfen lassen und dann zurück in den heißen Topf geben.

3 Butter und Milch zu den Kartoffeln in den Topf geben und alles mit einem Kartoffelstampfer zu Püree zerstampfen. Das Püree mit Sesamöl, ½ TL Wasabi und Limettensaft verrühren und anschließend mit Salz und eventuell noch etwas mehr Wasabi abschmecken. Bei Bedarf das Püree noch mal bei niedriger Hitze erwärmen.

4 Das Fischfilet kalt abspülen und trocken tupfen. Das Sonnenblumenöl in der Pfanne erhitzen und das Fischfilet darin 1–3 Min. auf jeder Seite braten, dann mit Salz würzen.

5 Den Fisch und das Wasabi-Püree auf einem Teller anrichten und nach Belieben den Fisch mit dem gerösteten Sesam bestreuen.

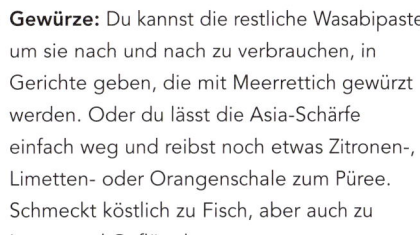

DAS KÜHLSCHRANK-ORAKEL

- **Gewürze:** Du kannst die restliche Wasabipaste, um sie nach und nach zu verbrauchen, in Gerichte geben, die mit Meerrettich gewürzt werden. Oder du lässt die Asia-Schärfe einfach weg und reibst noch etwas Zitronen-, Limetten- oder Orangenschale zum Püree. Schmeckt köstlich zu Fisch, aber auch zu Lamm und Geflügel.

- **Nüsse und Kerne:** Angefangene Beutel im Vorratsschrank? In Butter geröstete Haselnüsse, Pinienkerne oder Mandeln toppen das Püree vom Feinsten. Spicy Crunch, der super zur Asia-Würze passt, bringen grob gehackte Wasabi-Erdüsse mit. Probier es aus!

- **Gemüse:** Lust auf Püree und keine Kartoffeln im Haus? Die leckere Beilage lässt sich auch sehr gut mit anderen Gemüsesorten wie Knollensellerie, Kürbis, Steckrübe, Petersilienwurzeln oder Pastinake herstellen.

SPIN-OFF KIRSCHTOMATEN, FRÜHLINGSZWIEBELN UND HALLOUMI

KIRSCHTOMATEN

- Viele Supermärkte bieten mittlerweile lose eine bunte Auswahl an Kirschtomaten an. Falls du im Laden um die Ecke doch auf die 250-g-Packungen zurückgreifen musst, ist es auch nicht schlimm. Dann die süßen Kleinen einfach snacken oder sich über zwei warme Mahlzeiten (Rezepte s. S. 102/103) freuen.

FRÜHLINGSZWIEBELN

- Frühlingszwiebeln werden nur im Bund angeboten und für eine Single-Portion braucht man höchstens zwei Zwiebeln.
- Zum Aufbewahren das dunkle Zwiebelgrün um ca. 10 cm kürzen und die Zwiebeln mit einigen Tropfen kaltem Wasser in einen Gefrierbeutel geben. Den Beutel aufblasen und zuknoten. So verpackt halten sich die Frühlingszwiebeln ca. 4 Tage im Kühlschrank frisch.

HALLOUMI

- Der würzige Käse wird aus Schaf-, Kuh- und Ziegenmilch hergestellt und hat eine feste Konsistenz, die sich zum Braten und Grillen bestens eignet. Die Packungen wiegen ca. 250 g und sind ideal für zwei Mahlzeiten.
- Nicht benötigten offenen Halloumi in Frischhaltefolie wickeln, so kannst du ihn bis zu 4 Tage im Kühlschrank aufbewahren.

HALLOUMI MIT ORIENTALISCHEM MÖHRENGEMÜSE

Wenn es Halloumi nicht schon gäbe, man müsste ihn erfinden. Denn der fix gemachte
Bratkäse ist aus der Single-Küche einfach nicht mehr wegzudenken.

Zubereitung: ca. 25 Min.
Pro Portion: 880 kcal

60 g Langkornreis
Salz
150 g Möhren
½ Bund Frühlingszwiebeln
2 EL Olivenöl
Pfeffer
1 TL Tomatenmark
1 Msp. Kreuzkümmel
1 EL TK-Petersilie
150 ml Gemüsebrühe
125 g Kirschtomaten
125 g Halloumi

1 Reis in 250 ml kochendes Salzwasser geben und
   so lange zugedeckt bei niedriger Hitze kochen,
   bis die Reiskörner die Flüssigkeit vollständig
   aufgesogen haben und gar sind.

2 Inzwischen die Möhren putzen, schälen und
   schräg in dünne Scheiben schneiden. Die
   Frühlingszwiebeln putzen, waschen und anschließend in kleine Stücke schneiden.

3 1 EL Öl in einem Topf erhitzen, die Möhren-
   scheiben darin andünsten und mit Salz und
   Pfeffer würzen. Tomatenmark und Kreuzkümmel
   unterrühren. Frühlingszwiebeln und Petersilie
   zugeben und kurz mitbraten. Das Gemüse mit
   der Brühe ablöschen und so lange zugedeckt
   garen, bis die Flüssigkeit fast verdampft ist.

4 Inzwischen die Kirschtomaten waschen und halbieren. ½ EL Öl in einer beschichteten Pfanne
   erhitzen und den Halloumi darin unter Wenden
   auf beiden Seiten goldbraun braten.

5 Die Tomaten zum Möhrengemüse geben
   und locker untermengen. Das Gemüse mit
   dem restlichen Olivenöl beträufeln. Das
   Möhrengemüse mit Reis und Halloumi auf
   einem Teller anrichten.

PLAN-B-TIPP ⇄

Statt Reis kannst du auch Couscous, Hirse,
Bulgur, Quinoa, Reisnudeln (Kritharaki, Risoni),
Graupen oder Zartweizen zum Möhrengemüse
essen. Und wenn es ganz fix gehen soll,
schmeckt auch kurz aufgebackenes türkisches
Fladenbrot superfein dazu.

CALZONE MIT HALLOUMI-FÜLLUNG

Zubereitung: ca. 30 Min.
Gehzeit: ca. 1 Std.
Backzeit: ca. 20 Min.
Pro Portion: 975 kcal

100 g Mehl
1 Msp. Trockenhefe
Salz
½ Bund Frühlingszwiebeln
125 g Kirschtomaten
125 g Halloumi
2 EL Olivenöl
1 TL getrocknete italienische Kräuter
Pfeffer

1   Mehl, Hefe, 1 Msp. Salz und 50 ml lauwarmes Wasser in eine Rührschüssel geben und mit den Knethaken des Handrührgeräts zu einem glatten Teig verkneten. Diesen zugedeckt an einem warmen Ort ca. 1 Std. ruhen lassen.

2   Währenddessen die Frühlingszwiebeln putzen, waschen und in Stücke schneiden. Die Kirschtomaten waschen und halbieren. Den Halloumi in kleine Stücke schneiden.

3   Etwa 10 Min. vor Ende der Teigruhe den Backofen auf 200° vorheizen und ein Backblech mit Backpapier belegen.

4   Das Öl in einer Pfanne erhitzen und den Halloumi darin goldbraun braten. Frühlingszwiebeln zugeben und kurz mitbraten. Die Käse-Zwiebel-Mischung vom Herd nehmen und Tomaten und Kräuter unterheben. Die Käse-Gemüse-Mischung salzen und pfeffern.

5   Den Teig auf leicht bemehlter Arbeitsfläche zu einem Kreis mit ca. 28 cm Ø ausrollen. Teigkreis auf das Blech legen. Auf einer Hälfte die Halloumi-Gemüse-Mischung verteilen, dabei einen 1 cm breiten Rand freilassen. Den Rand mit Wasser einstreichen und die freie Teighälfte über die Füllung klappen. Die Ränder mit einer Gabel zusammendrücken.

6   Die Calzone im heißen Backofen (unten) in 18–20 Min. goldbraun backen. Auf einem Pizzateller anrichten und genießen.

KRÄUTER-RISOTTO MIT PILZEN

Risotto für eine Person? Geht das? Klar geht das! Hier kommt der kleine Bruder des beliebten italienischen Familienessens – buon appetito!

Zubereitung: ca. 30 Min.
Pro Portion: 890 kcal

1 Knoblauchzehe
1 kleine Zwiebel
1 gehäufter TL Sonnenblumen-
*   kerne (nach Belieben)*
2 EL Olivenöl
100 g Risotto-Reis
50 ml trockener Weißwein

300 ml heißer Gemüsefond
30 g Parmesan
1 EL TK-Gartenkräuter
1 EL Butter
150 g Kräuterseitlinge
Salz
Pfeffer

1 Die Knoblauchzehe und die Zwiebel schälen. Den Knoblauch hacken, die Zwiebel in kleine Würfel schneiden. Die Sonnenblumenkerne, falls verwendet, in einem Topf ohne Fett unter Rühren bei mittlerer Hitze so lange rösten, bis sie anfangen zu duften, dann auf einen Teller schütten und auskühlen lassen.

2 1 EL Olivenöl in den heißen Topf geben und Knoblauch und Zwiebel darin andünsten. Den Risotto-Reis zugeben und glasig dünsten. Die Zwiebel-Reis-Mischung unter ständigem Rühren mit dem Weißwein ablöschen und diesen vollständig verkochen lassen.

3 Dann den Fond portionsweise einrühren. Immer erst wieder etwas Fond dazugeben, wenn der Fond im Topf beinahe vollständig vom Reis aufgesogen wurde. So lange fortfahren, bis der Reis weich ist, aber noch leichten Biss hat. Den Parmesan reiben. Kräuter, Butter und Parmesan zum Risotto geben und einrühren.

4 Pilze bei Bedarf putzen und in mundgerechte Stücke schneiden. Das restliche Olivenöl in einer Pfanne erhitzen und die Pilze darin in 2–4 Min. rundherum anbraten. Pilze und Risotto mit Salz und Pfeffer abschmecken. Risotto auf einen Teller geben und die gebratenen Pilze darauf anrichten. Risotto nach Belieben noch mit den Kernen bestreuen und genießen.

SAISON-TIPP ⊕

Risotto ist wunderbar wandelbar und schmeckt zu jeder Jahreszeit. Im Frühling anstelle der Pilze grüne oder weiße Spargelstangen in Stücke schneiden und in Olivenöl anbraten. Sommerlich wird der Risotto mit aromatischen Tomaten, Mozzarella und Basilikum. Im Herbst kannst du ein Stück Kürbis würfeln, in Öl weich braten und auf den Risotto streuen – Pecorino, Parmesan oder Ziegengouda in Spänen darüber – ein Genuss! Und wenn es so richtig kalt draußen ist, toppen Rote-Bete-Spalten aus der Pfanne den Italo-Klassiker. Die kannst du nach Belieben noch mit Thymian oder Fenchelsamen würzen. Statt Parmesan dann vielleicht mal einen Klecks Ziegenfrischkäse unter den Risotto rühren – und genussvoll Mmmmmmh! sagen!

KRÄUTER-TAGLIATELLE MIT LACHS

Lachs, Kräuter und Zitrone sind eine Hammer-Kombi. Dann braucht es nur noch Pasta –
und basta! Fertig ist das schnelle One-Pot-Nudelglück für den Feierabend.

Zubereitung: ca. 25 Min.
Pro Portion: 790 kcal

2 Frühlingszwiebeln
1 Knoblauchzehe
100 g Tagliatelle
5 EL Sahne
250 ml Gemüsebrühe

125 g Lachsfilet (ohne Haut)
½ Bio-Zitrone
½ Pck. TK-Gartenkräuter
Salz
Pfeffer

1 Frühlingszwiebeln putzen, waschen, trocken
tupfen und schräg in Stücke schneiden. Knoblauch schälen und in feine Scheiben schneiden.

2 Frühlingszwiebeln, Knoblauch und Tagliatelle
in eine kleine Pfanne mit hohem Rand oder in
einen kleinen Topf geben. Sahne und Brühe
dazugeben, umrühren und alles zugedeckt bei
starker Hitze aufkochen. Nudelmischung offen
bei mittlerer Hitze ca. 5 Min. kochen lassen und
dabei regelmäßig umrühren.

3 Inzwischen das Lachsfilet kalt abspülen, trocken
tupfen, in kleine Würfel schneiden und auf den
Nudeln verteilen. Dann die Zitronenhälfte heiß
waschen und abtrocknen. Die Zitronenschale
fein abreiben und 1 TL Saft auspressen.

4 Die Tagliatelle 5 Min. bei mittlerer Hitze weiter-
kochen und gelegentlich vorsichtig umrühren.
Etwa 1 Min. vor Garzeitende die Kräuter und
die Zitronenschale unterheben.

5 Nun die Nudeln probieren. Sind sie noch nicht
durch, dann 2–3 EL Wasser zugeben und die
Pasta ca. 2 Min. weitergaren. Nudeln mit Salz,
Pfeffer und Zitronensaft abschmecken, auf
einem tiefen Teller anrichten und genießen.

DAS KÜHLSCHRANK-ORAKEL ⊚

- **Zwiebel:** Statt der Frühlingszwiebeln eine
kleine »normale« Zwiebel aus dem Vorratsregal nehmen und fein hacken.
- **Senf:** Lass TK-Kräuter und Zitrone weg und
rühr 1 TL süßen Senf unter die Pasta.
- **Statt Sahne:** Gemüsebrühe leicht erwärmen
und mit 2 EL Frischkäse glatt pürieren und wie
links beschrieben weiterverwenden.
- **Kräuter:** Das Basilikumtöpfchen grünt wunderbar in deiner Küche. Perfekt. Lass die
TK-Kräuter im Frost, schnapp dir ein paar
Basilikumblättchen – es dürfen auch gerne ein
paar mehr sein, schneid sie in feine Streifen
und streu diese dann auf die fertige Pasta.
De luxe! Natürlich schmecken auch Petersilie
oder Dill köstlich zu Lachs & Co.

PENNE MIT PAPRIKA UND FLEISCHKLÖSSCHEN

Vorsicht Suchtgefahr! Nudeln in einer pikanten Paprikasauce plus saftige
Fleischklößchen, die gleich in der Pasta garen – mehr davon!

Zubereitung: ca. 35 Min.
Pro Portion: 795 kcal

1 EL Walnusskerne (nach Belieben)
1 Knoblauchzehe
2 Frühlingszwiebeln
1 kleine gelbe Paprika
1 EL Olivenöl
Salz

Pfeffer
1 EL Tomatenmark
75 g Penne
125 g Rinderhackfleisch
½ TL getrockneter Thymian
2 EL Sahne (ersatzweise Milch)

1 Die Walnüsse, falls verwendet, grob hacken.
Knoblauch schälen und in dünne Scheiben
schneiden. Frühlingszwiebeln putzen, waschen
und schräg in Stücke schneiden. Die Paprika
waschen, halbieren, von weißen Trennwänden
und Kernen befreien und in Streifen schneiden.

2 Walnüsse in einer kleinen Pfanne mit hohem
Rand oder in einem kleinen Topf ohne Fett bei
mittlerer Hitze unter Rühren so lange rösten,
bis sie duften, dann auf einen Teller schütten.

3 Olivenöl in der heißen Pfanne erhitzen und
Paprika, Knoblauch und Frühlingszwiebeln
darin anbraten. Das Gemüse mit Salz und
Pfeffer würzen, Tomatenmark unterrühren und
kurz mitbraten. Die Penne zugeben und mit
300 ml Wasser ablöschen. Den Topfinhalt unter
Rühren aufkochen und in ca. 10 Min. offen bei
mittlerer Hitze garen, regelmäßig umrühren.

4 Das Hackfleisch mit Salz, Pfeffer und Thymian
würzen und mit angefeuchteten Händen zu
Bällchen formen. Die Bällchen in den Topf zur
Pasta geben und zugedeckt in ca. 5 Min. gar
ziehen lassen. Dabei ab und zu vorsichtig umrühren. Die Sahne zugeben und unterrühren.
Die Penne mit Salz und Pfeffer abschmecken,
auf einem Teller anrichten und nach Belieben
mit den Walnusskernen bestreuen.

RESTE-TIPP ◖

Angebrochene Sahnebecher im Kühlschrank
sind ein Single-Gräuel. Die ganze Woche über
ist Arbeitsstress und keine Zeit zum Kochen.
Möchte man sich dann endlich des Sahne-
rests annehmen, schmeckt er entweder nach
allem Möglichen, was sonst noch im Kühlschrank steht, oder er ist sauer. Das muss
nicht sein: Die übrige Sahne lässt sich nämlich
esslöffelweise prima in einem Eiswürfelbereiter
einfrieren. Nach ca. zwei Stunden Tiefkühlzeit
ein Stück Frischhaltefolie auf den Eiswürfelbereiter legen, da die Sahne sonst sehr schnell
Fremdgerüche annimmt. Dann bei Bedarf nur
die benötigte Menge Sahne entnehmen.

PANZANELLA

Einfach lecker: Die Italiener zaubern sogar aus dem Frühstücksbrot von gestern noch etwas richtig Gutes. Knuspriger Brotsalat mit Tomaten, Rucola und Parmesan ist Resteverwertung de luxe.

Zubereitung: ca. 20 Min.
Pro Portion: 445 kcal

1 Baguettebrötchen (vom Vortag)
1 Knoblauchzehe
2 EL Olivenöl
1 Fleischtomate
2 Frühlingszwiebeln
1 Handvoll Rucola

1 TL Aceto balsamico
3 EL Gemüsebrühe
Salz
Pfeffer
10 g Parmesan

1 Das Baguettebrötchen in ca. 2 cm große Stücke brechen. Knoblauch schälen und fein hacken. 1 EL Olivenöl in einer Pfanne erhitzen und den Knoblauch und die Baguettestücke darin bei niedriger bis mittlerer Hitze in ca. 5 Min. unter Rühren goldbraun rösten, dann aus der Pfanne auf einen Teller schütten und abkühlen lassen.

2 Die Tomate waschen, vom Stielansatz befreien und in Stücke schneiden. Frühlingszwiebeln putzen, waschen und fein hacken. Rucola verlesen, grobe Stiele entfernen, die Blätter waschen und mit Küchenpapier trocken tupfen.

3 Essig, Brühe, Salz und Pfeffer in eine kleine Schüssel geben und verrühren, dann das restliche Olivenöl unterrühren. Den Parmesan mit einem Sparschäler in grobe Stücke hobeln.

4 Die Baguette-Knoblauch-Mischung in einen tiefen Teller geben und mit der Vinaigrette beträufeln. Die Tomatenstücke, Rucola und Frühlingszwiebelringe dazugeben und locker unterheben. Den Brotsalat mit Salz und Pfeffer würzen und mit Parmesan bestreuen.

DAS KÜHLSCHRANK-ORAKEL

- **Brot-Alternativen:** Schau doch mal in deine Brotbox, bevor du zum Bäcker eilst! Trocken gewordenes Weiß- oder feines Mischbrot kann man statt des Baguettebrötchens für den Salat auch verwenden.

- **Antipasti und Mozzarella:** Reste von getrockneten Tomaten in Öl, Kapern, Oliven oder eingelegtes Gemüse passen statt des frischen Gemüses bestens in den Salat. Noch etwas gewürfelten Mozzarella oder ein paar Mini-Mozzarellakugeln dazu. Fertig ist das Salatvergnügen aus dem Vorrat.

- **Gemüse:** Noch ein Stück Zucchino im Gemüsefach? Putzen, raspeln und ab in die Salatschüssel. Oder auch mal ein paar Pilze braten und anstelle der Tomate zum Salat geben, gerne auch zusammen mit Speck- oder Schinkenwürfelchen.

FLEISCH UND FISCH

BUNTER NUDELSALAT MIT SCHINKEN

Was ist als Erstes weg auf dem kalten Büfett? Der Nudelsalat! Mit diesem Rezept
kannst du den Party-Klassiker auch im Miniformat zu Hause genießen.

Zubereitung: ca. 25 Min.
Pro Portion: 685 kcal

*80 g kurze Nudeln (z. B. Spirelli
  oder Penne)*
Salz
3 getrocknete, in Öl eingelegte Tomaten
1 große Tomate
1 kleine Möhre
1 kleine rote Zwiebel
50 g Kochschinken (in Scheiben)

1 TL Aceto balsamico
3 EL warme Gemüsebrühe
1 TL Feigensenf
Pfeffer
1 Knoblauchzehe
2 EL Olivenöl
10 g Parmesan

1 Die Nudeln in kochendem Salzwasser nach
Packungsanweisung bissfest garen, dann in ein
Sieb abgießen und abtropfen lassen.

2 Getrocknete Tomaten abtropfen lassen und das
Öl dabei auffangen. Die Tomaten in Streifen
schneiden. Frische Tomate waschen, vom Stielansatz befreien und in kleine Würfel schneiden.
Möhre putzen, schälen und grob raspeln. Die
Zwiebel schälen, halbieren und in feine Ringe
schneiden. Die Schinkenscheiben aufrollen und
in Röllchen schneiden.

3 Essig, Brühe, Senf, Salz und Pfeffer in eine
Schüssel geben und verrühren. Knoblauch
schälen und dazupressen. Zum Schluss das
Olivenöl unter die Vinaigrette rühren.

4 Die Nudeln mit der Vinaigrette vermengen
und kurz ziehen lassen. Den Parmesan reiben.

5 Alle vorbereiteten Zutaten locker unter die
Nudeln heben, den Salat mit Salz und Pfeffer
abschmecken und mit Parmesan bestreuen.

DAS KÜHLSCHRANK-ORAKEL

- **Wurst und Schinken:** Statt Kochschinken
schmeckt auch Salami, Fleischwurst oder
Parmaschinken im Salat.
- **Senf:** Kein Feigensenf im Haus? Du kannst
für die Vinaigrette auch mittelscharfen, süßen
oder körnigen Senf verwenden.
- **Käse:** Den Parmesan beim Einkauf vergessen?
Mittelalter Gouda, kräftiger Bergkäse oder
Manchego machen sich auch gut als würziges
Topping auf dem Salat.

SPIN-OFF HACKFLEISCH UND SPINAT

EINKAUF

- Hackfleisch gibt es mittlerweile in jedem Supermarkt und Discounter. Meist ist es in 400-g-Schalen portioniert. Je nach Hunger und Rezept können aus dieser Menge zwei bis drei Hackfleischgerichte entstehen.
- Frische Spinatblätter werden meist in großen Beuteln angeboten – hier besonders darauf achten, dass die Blättchen knackig sind.

AUFBEWAHRUNG

- Hackfleisch verdirbt sehr schnell und sollte möglichst am Tag des Kaufes bzw. spätestens am nächsten Tag verzehrt werden. Wichtig ist, die Kühlkette zu gewährleisten. Im Sommer darum am besten mit einer kleinen Kühlbox inklusive Kühlakkus einkaufen gehen.
- Den Spinat gleich in den Kühlschrank geben und innerhalb von 2 Tagen verbrauchen.

TIEFKÜHLEN

- Das Hackfleisch in zwei bis drei Portionen (je 130–200 g) teilen, flach drücken und in Gefrierbeutel geben. Luft in den Beuteln herausdrücken, diese verschließen und ins Tiefkühlfach legen. Zum Auftauen das Hackfleisch in den Kühlschrank geben.
- Den Spinat putzen, waschen, tropfnass in einen heißen Topf geben und zusammenfallen lassen. Spinat auskühlen lassen, grob hacken und in Gefrierbeuteln tiefkühlen (s. auch S. 55).

CEVAPCICI MIT TOMATEN-SPINAT-SALAT

Die Hackfleischröllchen sind auch wie gemacht für den Grill. Im Sommer also einfach mehr von Cevapcici und Salat zubereiten und zum Barbecue mit Freunden mitnehmen.

Zubereitung: ca. 30 Min.
Pro Portion: 675 kcal

200 g Rinderhackfleisch
Salz
Pfeffer
½ TL gemahlener Kreuzkümmel
1 Knoblauchzehe
6 Kirschtomaten
2 EL Olivenöl
Zucker
1 TL Aceto balsamico
150 g Blattspinat

1 Für die Cevapcici das Hackfleisch mit Salz, Pfeffer und Kreuzkümmel würzen. Knoblauch schälen, dazupressen und unterkneten. Die Hackfleischmasse mit angefeuchteten Händen zu gleichmäßigen Röllchen formen.

2 Die Tomaten waschen und halbieren. 1 EL Öl in einer beschichteten Pfanne erhitzen und die Rollen unter Wenden darin 8–10 Min. braten, bis sie außen gebräunt und innen gar sind. Dann die Hackfleischröllchen aus der Pfanne nehmen und warm stellen.

3 Das restliche Öl in der Pfanne erhitzen, die Tomaten darin kurz anbraten und mit Salz, Pfeffer und 1 Prise Zucker würzen. Tomaten mit Essig und 1 EL Wasser ablöschen, dann von der heißen Herdplatte ziehen und ruhen lassen.

4 Den Spinat verlesen, waschen und trocken schleudern. Spinat unter die Tomaten heben. Cevapcici mit dem Tomaten-Spinat-Salat auf einem Teller anrichten und genießen.

PLAN-B-TIPP ⇄

Schneller geht es, wenn man das gewürzte Hackfleisch in der Pfanne nur krümelig brät und es zum Schluss nur noch unter den Salat hebt.

HACKFLEISCH-SPINAT-AUFLAUF

Zubereitung: ca. 20 Min.
Backzeit: ca. 20 Min.
Pro Portion: 985 kcal

1 große Fleischtomate
1 Zwiebel
1 Knoblauchzehe
2 EL Olivenöl
200 g Rinderhackfleisch
Salz · Pfeffer
100 ml Gemüsebrühe
1 TL getrocknete italienische Kräuter
1 EL Butter
1 gehäufter TL Mehl
200 ml Milch
frisch geriebene Muskatnuss
100 g Blattspinat
25 g mittelalter Gouda

1 Tomate waschen, vom Stielansatz befreien und in kleine Würfel schneiden. Zwiebel und Knoblauch schälen. Knoblauch hacken, Zwiebel in kleine Würfel schneiden.

2 In einer Pfanne 1 EL Öl erhitzen. Das Hackfleisch darin krümelig braten, Zwiebel und Knoblauch zugeben und kurz mitbraten. Das Hackfleisch mit Salz und Pfeffer würzen. Tomatenwürfel, Brühe und getrocknete Kräuter zugeben. Die Sauce aufkochen und 6–8 Min. offen köcheln lassen, dann vom Herd nehmen.

3 Die Butter in einem kleinen Topf erhitzen. Das Mehl zugeben, darin anschwitzen und unter Rühren mit Milch ablöschen. Die Sauce aufkochen, mit Salz, Pfeffer und 1 Prise Muskat würzen und ca. 5 Min. köcheln lassen.

4 Backofen auf 200° vorheizen. Inzwischen Spinat verlesen, von groben Stielen befreien, in einem Sieb mit kochendem Wasser übergießen, dann abkühlen lassen und grob hacken.

5 Den Boden einer kleinen Auflaufform mit der Hälfte der Béchamelsauce bestreichen, dann Spinat und Hackfleischsauce abwechselnd einschichten. Mit Béchamelsauce abschließen. Gouda reiben, auf dem Auflauf verteilen und diesen im Ofen (Mitte) ca. 20 Min. backen.

PLAN-B-TIPP ⇄

Für eine Spinat-Lasagne die Tomatensauce ohne Hackfleisch zubereiten. Die Hälfte der Béchamel in die Form geben. 2 Lasagneplatten, je die Hälfte der Tomatensauce und des vorbereiteten Spinats, dann 2 Lasagneblätter, Tomatensauce, Spinat und Béchamel daraufschichten. Lasagne mit Käse bestreuen und überbacken.

PIZZA MIT SALAMI

Pizza geht immer – besonders, weil man seiner Fantasie freien Lauf lassen und den Teigfladen nach Vorratslage und Herzenslust belegen kann.

Zubereitung: ca. 40 Min.
Gehzeit: ca. 1 Std.
Backzeit: ca. 20 Min.
Pro Portion: 760 kcal

100 g Mehl
1 gehäufte Msp. Trockenhefe
Salz
1 Fleischtomate
1 Knoblauchzehe
2 TL Olivenöl

1 TL Tomatenmark
Pfeffer
½ TL getrocknete italienische Kräuter
25 g Salami (in Scheiben)
60 g geriebener Mozzarella

1 Mehl, Hefe, ½ TL Salz und 50 ml lauwarmes Wasser in eine Schüssel geben und mit den Knethaken des Handrührgeräts zu einem glatten Teig verkneten. Diesen zugedeckt ca. 1 Std. an einem warmen Ort gehen lassen.

2 Den Backofen auf 230° vorheizen. Tomate kreuzweise einritzen, mit kochendem Wasser übergießen und kurz darin ziehen lassen, dann häuten, vom Stielansatz befreien und hacken. Knoblauch schälen und fein hacken.

3 In einem kleinen Topf 1 TL Olivenöl erhitzen und den Knoblauch darin andünsten. Das Tomatenmark zugeben und kurz anbraten. Die Tomate zugeben und mit Salz, Pfeffer und getrockneten Kräutern würzen. Die Sauce offen ca. 5 Min. bei niedriger Hitze köcheln lassen.

4 Den Teig noch mal durchkneten und auf einer bemehlten Arbeitsfläche dünn ausrollen. Den Teig auf ein mit Backpapier ausgelegtes Backblech geben und mit Tomatensauce bestreichen, dabei rundherum einen ca. 1 cm breiten Rand frei lassen. Die Pizza mit Salami belegen.

5 Den Mozzarella auf der Pizza verteilen. Pizza mit restlichem Olivenöl beträufeln und im heißen Ofen (2. Schiene von unten) ca. 20 Min. backen. Fertige Pizza aus dem Backofen nehmen, mit Pfeffer würzen und ofenfrisch genießen.

DAS KÜHLSCHRANK-ORAKEL

- **Wurst und Schinken:** Fleischfans können für die Pizza übrig gebliebene Wurst- und Schinkenreste verwenden. Magere Sorten wie Parmaschinken oder Putenbrustaufschnitt besser auf die fertige Pizza geben – so werden sie beim Backen nicht trocken.

- **Tomatensauce:** Keine frischen Tomaten im Haus? Schau doch mal in deinen Vorratsschrank. Fertig gewürzte Tomatensaucen oder stückige Tomaten aus der Dose oder aus dem Tetrapak sind ein guter Ersatz.

- **Käse:** Statt Mozzarella eignet sich auch Schnitt- oder Weichkäse zum Belegen, z. B. Gouda, Edamer oder Taleggio.

- **Veggie-Dreams:** Für vegetarisches Pizzavergnügen kannst du die Tomatensauce auch mit gebratenen Auberginen- oder Zucchinischeiben und Knoblauch belegen, obenauf noch ein paar Chiliflocken oder Chiliöl und dann fleischlos genießen.

XL-SCHWEINEBRATEN
FÜR SINGLES

VORBEREITEN

- 1,2 kg ausgelöstes Schweinekotelett (am Stück) kalt abspülen, trocken tupfen und rundherum kräftig mit Salz und Pfeffer würzen. 1 Gemüsezwiebel schälen und grob würfeln.
- 1 EL getrocknete italienische Kräuter zusammen mit 1 EL mittelscharfem Senf und 3 EL Olivenöl in ein Schälchen geben und glatt verrühren. 2 Knoblauchzehen schälen, zur Marinade pressen und unterrühren. Anschließend den Backofen auf 140° vorheizen.

ZUBEREITEN

- In einem Bräter 2 EL Sonnenblumenöl erhitzen und das Fleisch darin rundherum anbraten. Braten aus dem Bräter nehmen. Rundherum mit der Kräuter-Senf-Paste bestreichen. Die Zwiebelwürfel in das heiße Bratöl geben, kurz anbraten und mit 50 ml trockenem Weißwein sowie 125 ml Fleischbrühe ablöschen.
- Braten in den Bräter legen und im heißen Backofen (2. Schiene von unten) zugedeckt ca. 2 Std. schmoren.

FERTIGSTELLEN

- Braten in Alufolie wickeln. Zwiebelsud durch ein feines Sieb in einen kleinen Topf geben und zum Kochen bringen. In einer Tasse 1 TL Speisestärke und 2 EL kaltes Wasser verquirlen und in die kochende Sauce rühren. Braten auswickeln und den entstandenen Fleischsaft zur Sauce geben, diese mit Salz und Pfeffer abschmecken.
- Braten in Scheiben schneiden, ein Viertel gleich verwenden, den Rest portionsweise tiefkühlen. Sauce in kleinen Schraubgläsern einfrieren.

ROTE-BETE-SALAT MIT KALTEM BRATEN

Zubereitung: ca. 15 Min. · Pro Portion: 400 kcal

200 g kalter Schweinebraten (s. S. 123; ersatzweise vom Metzger) · 1 kleine Rote Bete · 1 kleine rote Zwiebel · 3 EL Joghurt (3,5 % Fett) · 2 TL Sahnemeerrettich · 3 EL warme Gemüsebrühe · 1 EL Sonnenblumenöl · Salz · Pfeffer

1   Den Braten in feine Streifen schneiden. Rote Bete schälen und auf einer Küchenreibe fein raspeln. Die Zwiebel schälen, halbieren und in feine Halbringe schneiden.
2   Joghurt, Meerrettich, Brühe und Öl in eine Schüssel geben, verrühren und das Dressing mit Salz und Pfeffer würzen. Braten, Rote Bete, Zwiebel und Dressing locker vermengen. Dazu schmeckt würziges Roggenbrot.

SCHWEINEBRATEN MIT SÜSSKARTOFFELPÜREE

Zubereitung: ca. 35 Min. · Pro Portion: 495 kcal

1 kleine Süßkartoffel (250 g) · Salz · 1 EL Butter · 75 ml Milch · Pfeffer · 1 Msp. Zimtpulver · 200 g fertiger Schweinebraten mit Sauce (s. S. 123; ersatzweise vom Metzger)

1   Die Kartoffel schälen, waschen und in Stücke schneiden. Diese in einem Topf mit Salzwasser bedecken, aufkochen und in ca. 20 Min. garen, dann abgießen und zurück in den Topf geben.
2   Butter und Milch zu den Süßkartoffelwürfeln im Topf geben und alle drei Zutaten mit einem Kartoffelstampfer zu Püree zerstampfen. Das Püree mit Salz, Pfeffer und Zimtpulver würzen.
3   Schweinebraten und Sauce in einem Topf oder in der Mikrowelle erhitzen.

4   Den Schweinebraten mit Süßkartoffelpüree und Sauce auf einem Teller anrichten und genießen. Wer mag, serviert noch einen gemischten Salat und ein kühles Bier dazu.

BRATENSANDWICH MIT GEWÜRZGURKE

Zubereitung: ca. 10 Min. · Pro Portion: 265 kcal

200 g kalter Schweinebraten (ersatzweise vom Metzger) ·
2 Sandwichtoastscheiben · 1 EL körniger Senf · 1 Gewürzgurke

1 Den Braten in dünne Scheiben schneiden.
Sandwichtoastscheiben im Toaster leicht rösten
und mit dem Senf bestreichen. Gewürzgurke
längs in dünne Scheiben schneiden.
2 1 Toastbrotscheibe mit Braten und Gurke
belegen. Zweite Toastscheibe auflegen und das
Sandwich diagonal halbieren. Dazu schmecken
Kartoffelchips oder Coleslaw.

BRATENGRÖSTEL
MIT NUDELN UND PILZEN

Zubereitung: ca. 20 Min. · Pro Portion: 680 kcal

200 g kalter Schweinebraten (ersatzweise vom Metzger) ·
80 g Nudeln (z. B. Rigatoni) · Salz · 150 g Austernpilze ·
1 EL Olivenöl · Pfeffer · 1 TL Tomatenmark · 5 EL Sahne
(ersatzweise Milch)

1 Den Braten in Würfel schneiden. Nudeln in kochendem Salzwasser nach Packungsanweisung
bissfest garen. Die Pasta anschließend in ein
Sieb abgießen und abtropfen lassen.
2 Während die Nudeln garen, die Austernpilze
bei Bedarf säubern, trockene Schnittstellen
an den Stielen abschneiden und die Pilze in
Stücke schneiden. Das Olivenöl in einer Pfanne
erhitzen und die Austernpilze darin goldbraun
braten, dann mit Salz und Pfeffer würzen.

3 Nudeln und Braten unter die Pilze heben und
kurz mitbraten. Tomatenmark und Sahne glatt
verrühren, unterheben und erhitzen. Gröstel
mit Salz und Pfeffer würzen und genießen.
Dazu passt Kraut- oder knackiger Blattsalat.

SCHWEINEGESCHNETZELTES IN WEIN-THYMIAN-SAHNE

Geschnetzeltes gehört für viele zu ihren absoluten Lieblingsessen. Das magere Fleisch ist ganz fix gar – so können auch besonders eilige und hungrige Köche ihr Essen bald genießen.

Zubereitung: ca. 30 Min.
Pro Portion: 975 kcal

1 Schweineschnitzel (ca. 150 g)
1 kleine Zwiebel
100 g Tagliatelle
Salz
1 EL Sonnenblumenöl
Pfeffer

1 TL Mehl
½ TL getrockneter Thymian
2 EL trockener Weißwein
100 ml Fleischbrühe
100 g Sahne

1 Schweineschnitzel mit Küchenpapier trocken tupfen und in dünne Streifen schneiden. Die Zwiebel schälen und fein hacken.
2 Die Tagliatelle nach Packungsanweisung in kochendem Salzwasser bissfest garen, dann in ein Sieb abgießen und abtropfen lassen.
3 Inzwischen das Öl in einer Pfanne erhitzen, die Fleischstreifen darin hellbraun anbraten und mit Salz und Pfeffer würzen. Das Mehl über das Fleisch stäuben und kurz anschwitzen. Den Thymian zugeben. Wein und Brühe in einem Rührbecher mischen und das Fleisch damit unter Rühren ablöschen. Die Sauce aufkochen und ca. 3 Min. köcheln lassen.
4 Die Sahne zugießen und die Sauce noch mal aufkochen. Das Geschnetzelte mit Salz und Pfeffer abschmecken und zusammen mit den Nudeln auf einem Teller anrichten.

DAS KÜHLSCHRANK-ORAKEL

- **Fleisch:** Statt Schweineschnitzel kann auch die gleiche Menge Putenschnitzel oder Hähnchenbrustfilet verwendet werden.
- **Alkohol:** Wer keinen Alkohol im Haus hat oder darauf verzichten möchte, kann statt Wein auch Orangen- oder Apfelsaft verwenden. Dann die Sauce zusätzlich noch mit einigen Tropfen Zitronensaft oder Essig abschmecken.
- **Beilage:** Statt der Nudeln schmecken Salzkartoffeln, Püree, Schupfnudeln oder auch Butterreis sehr lecker zu Fleisch und Sauce. Nimm einfach, worauf du Lust hast oder was dein Vorratsregal in der Hinterhand hat.
- **Sahne:** Die Sahne macht die Sauce wunderbar sämig. Wenn du aber keine zu Hause hast oder heute ein Tag ist, an dem du auf deine Figur achtest, dann nimm einfach etwas mehr Brühe und lass die Sahne weg.

AFRIKANISCHER LAMMTOPF MIT GEMÜSE

Hier weht ein Hauch Urlaub in die Küche! Exotische Zutaten wie Kreuzkümmel und Erdnuss machen den Lammtopf zu etwas ganz Besonderem.

Zubereitung: ca. 25 Min.
Pro Portion: 780 kcal

50 g rote Linsen
1 kleiner Zucchino
1 kleine Möhre
1 kleine rote Zwiebel
1 Lammlachs (ca. 200 g)
2 EL Sonnenblumenöl

Salz
Pfeffer
1 Msp. gemahlener Kreuzkümmel
150 ml Gemüsebrühe
2 EL geröstete und gesalzene Erdnüsse

1 Die Linsen in kochendem Wasser in 3–4 Min. garen, anschließend in ein Sieb abgießen, kalt abschrecken und abtropfen lassen.

2 Zucchino waschen, putzen und längs halbieren. Die Hälften in kleine Stücke schneiden. Die Möhre putzen, schälen und in dünne Scheiben schneiden. Die Zwiebel schälen und würfeln.

3 Das Fleisch mit Küchenpapier trocken tupfen und in Würfel schneiden. 1 EL Sonnenblumenöl in einer Pfanne erhitzen und das Fleisch darin rundherum goldbraun braten, dann salzen und pfeffern und aus der Pfanne nehmen.

4 Zucchino, Möhre und Zwiebel im heißen Bratöl kräftig anbraten und mit Salz, Pfeffer und Kreuzkümmel würzen. Das Gemüse mit der Gemüsebrühe ablöschen und dann ca. 5 Min. zugedeckt bei mittlerer Hitze garen.

5 Die Erdnüsse grob hacken. Diese zusammen mit dem Fleisch zum Gemüse geben und die Gemüse-Fleisch-Mischung 2 Min. köcheln. Die Linsen zugeben und darin erhitzen. Den Lammtopf mit Salz und Pfeffer abschmecken und in einem tiefen Teller anrichten.

DAS KÜHLSCHRANK-ORAKEL

- **Fleischlos glücklich:** Die gleiche Menge Steckrübe, Kürbis, Aubergine oder Paprika können die Lammlachse für vegetarisches Urlaubsfeeling auch gerne ersetzen. Das Zusatzgemüse einfach zusammen mit Möhre, Zwiebel und Zucchino anbraten.

- **Tomate:** Eine angebrochene Dose Tomaten sucht noch einen Abnehmer? Dann gib sie anstelle der Brühe in den Lammtopf. Um die Säure etwas abzumildern, kannst du noch etwas Zucker, Honig oder auch eine klein geschnittene getrocknete Aprikose, Dattel oder Feige dazugeben.

- **Gewürze:** Wenn Kreuzkümmel im Gewürzschrank fehlt, schau einfach mal nach, ob du Harissa, Baharat oder Ras el Hanout darin findest. Wenn nicht, würz den Eintopf mit Paprika, Chili, einem Hauch Curry und nach Belieben mit schwarzem Sesam.

HÄHNCHENNUGGETS MIT KARTOFFELECKEN

Zwar nicht aus einem Topf, aber gemeinsam aus dem Ofen kommen Hähnchenstücke plus Kartoffeln. Supereasy, superpraktisch, superlecker!

Zubereitung: ca. 15 Min.
Backzeit: ca. 30 Min.
Pro Portion: ca. 400 kcal

150 g Hähnchenbrustfilet
2 TL Olivenöl
½ TL edelsüßes Paprikapulver
1 Knoblauchzehe
Salz

Pfeffer
250 g kleine vorwiegend fest-
  kochende Kartoffeln
½ TL getrockneter Rosmarin

1 Den Backofen auf 200° vorheizen. Das Hähnchenbrustfilet kalt abspülen, trocken tupfen und in große Stücke schneiden. Hähnchenstücke in eine kleine Schale geben und mit 1 TL Öl und Paprika vermengen. Den Knoblauch schälen und dazupressen. Die Hähnchenstücke salzen und pfeffern und alles sorgfältig vermengen.

2 Die Kartoffeln schälen, waschen und trocken tupfen. Kartoffeln je nach Größe halbieren oder vierteln und in einer Schüssel mit Salz, Pfeffer, restlichem Öl und Rosmarin vermengen.

3 Eine Auflaufform mit Backpapier auslegen und Kartoffeln und Fleisch darin verteilen. Die Hähnchenstücke und die Kartoffeln im heißen Ofen (2. Schiene von unten) ca. 30 Min. braten. Dazu schmeckt Sour Cream zum Dippen.

PLAN-B-TIPP ⇄

Heute hast du richtig Lust auf Junk-Food? Dann gönn dir Hähnchen-Nuggets in krosser Cornflakes-Hülle. Dafür 150 g Hähnchenbrustfilet trocken tupfen und in ca. 3 cm große Würfel schneiden. Diese salzen und pfeffern. 35 g Cornflakes in einen Gefrierbeutel geben, diesen verschließen, in ein Geschirrtuch hüllen und die Cornflakes mithilfe eines Nudelholzes oder Fleischklopfers nicht zu fein zerbröseln, dann auf einen Teller schütten. 25 g Mehl, 1 Eigelb, 1 EL kohlensäurehaltiges Mineralwasser und 1 Prise Salz in einer Schüssel zu einem glatten, dickflüssigen Teig verrühren. Etwa 1 cm hoch Öl in einen kleinen Topf füllen und dieses stark erhitzen. Hähnchenstücke zuerst im Backteig, dann in den Cornflakes wenden und sofort ins heiße Öl geben. Die Nuggets darin portionsweise ca. 3 Min. frittieren, bis sie innen gar und außen goldbraun sind. Dazu schmeckt Farmersalat besonders gut – egal, ob selbst gemacht oder aus dem Kühlregal.

XL-KRÄUTERPOULARDE

FÜR SINGLES

VORBEREITEN

- Den Backofen auf 200° vorheizen. Die Poularde (ca. 1,4 kg) innen und außen gründlich mit kaltem Wasser abspülen und mit Küchenpapier trocken tupfen. Poularde innen und außen mit Salz und Pfeffer würzen. Je 2 Stängel gemischte Kräuter in die Bauchhöhle des Hähnchens geben.
- 1 TL gemischte gehackte Kräuter, 1 EL weiche Butter und 1 Prise Salz glatt verrühren, die Brusthaut der Poularde vorsichtig lösen und die Kräuterbutter unter der Haut verteilen.

ZUBEREITEN

- Die Keulen mit Küchengarn zusammenbinden. Poularde auf den Rost des Backofens setzen und auf der zweiten Schiene von unten in den Backofen schieben. Eine Fettpfanne darunterschieben und 2 Tassen Wasser hineingeben.
- Poularde im heißen Ofen ca. 1 Std. 30 Min. braten. Dabei immer wieder etwas Wasser in die Fettpfanne nachgießen. Die Poularde vierteln und ein Viertel gleich genießen (Rezeptideen s. S. 134/135).

AUFBEWAHREN

- Übrige Poularde auskühlen lassen. Durchgegartes Geflügelfleisch hält sich luftdicht verpackt ca. 2 Tage im Kühlschrank frisch.
- Zum Einfrieren Brustfilets und Keulen des fertigen Brathähnchens auslösen und getrennt in Gefrierbeutel geben. Diese ohne Lufteinschlüsse verknoten und ins Tiefkühlfach legen. Bei Bedarf die Brathähnchenstücke über Nacht im Kühlschrank auftauen lassen.

GEFLÜGEL-KOKOS-CURRY

Zubereitung: ca. 20 Min. · Pro Portion: 975 kcal

60 g Basmati-Reis · Salz · 1 kleine Zwiebel · 1 Stück Ingwer (ca. 2 cm lang) · 1 EL Sonnenblumenöl · 1 gestrichener TL Currypulver · 1 kleine Dose Kokosmilch (200 g) · 1 Brathähnchenschenkel (selbst gemacht oder vom Hähnchengrill) · Pfeffer

1 Den Reis in 150 ml kochendem Salzwasser bei mittlerer Hitze garen, bis der Reis die Flüssigkeit vollständig aufgesogen hat. Die Zwiebel und den Ingwer schälen. Den Ingwer hacken, die Zwiebel fein würfeln.
2 Das Öl in einem Topf erhitzen und Zwiebel und Ingwer darin andünsten. Curry zugeben und kurz mitdünsten. Kokosmilch dazugießen und aufkochen. Das Hähnchenfleisch von Haut und Knochen befreien, in Stücke schneiden und in die heiße Sauce legen. Das Curry mit Salz und Pfeffer würzen und mit Reis anrichten.

BRATHÄHNCHENBRUST MIT OFENGEMÜSE

Zubereitung: ca. 25 Min. · Pro Portion: 455 kcal

200 g kleine vorwiegend festkochende Kartoffeln · 1 Möhre · 1 EL Sonnenblumenöl · Salz · Pfeffer · 1 EL Frischkäse · 1 Brathähnchenbrustfilet mit Haut (selbst gemacht oder vom Hähnchengrill)

1 Backofen auf 200° vorheizen. Kartoffeln und Möhre schälen. Kartoffeln waschen, trocken tupfen und halbieren. Möhre quer in ca. 1 cm dicke Stücke schneiden. Kartoffeln und Möhrenstücke in einer Schüssel mit Öl, Salz und Pfeffer mischen, in eine kleine Auflaufform geben und 3 EL Wasser zugeben.
2 Die Auflaufform auf der 2. Schiene von unten in den heißen Backofen schieben und das Ofengemüse in 30–35 Min. garen.
3 Das Hähnchenbrustfilet in den letzten 5 Min. zum Erwärmen auf das Gemüse legen. Frischkäse unter das Gemüse heben und nochmals mit Salz und Pfeffer abschmecken.

GEFLÜGEL-PANINI MIT TOMATEN

Zubereitung: ca. 10 Min. · Pro Portion: 465 kcal

4 getrocknete, in Öl eingelegte Tomaten · 25 g Parmesan ·
2 TL Olivenöl · 2 EL TK-Basilikum · 1 Baguettebrötchen ·
1 Brathähnchenbrustfilet mit Haut (selbst gemacht oder
vom Hähnchengrill) · Salz · Pfeffer

1 Die Tomaten abtropfen lassen und fein hacken,
   dabei das Öl auffangen. Parmesan in grobe
   Späne hobeln. 1 TL Olivenöl, Tomatenöl, die
   Tomaten und Basilikum verrühren.
2 Baguettebrötchen aufschneiden, mit der
   Tomaten-Kräuter-Mischung bestreichen und
   mit dem Parmesan belegen. Hähnchenbrust in
   Scheiben schneiden, auf den Parmesan legen,
   mit 1 TL Olivenöl beträufeln und mit Salz und
   Pfeffer würzen. Den Brötchendeckel auflegen.

ORANGEN-GEFLÜGEL-SALAT

Zubereitung: ca. 15 Min. · Pro Portion: 480 kcal

1 Brathähnchenschenkel (selbst gemacht oder vom
Hähnchengrill) · 75 g TK-Erbsen · Salz · 1 kleine
rote Zwiebel · 1 Orange · 1 TL Weißweinessig ·
1 TL mittelscharfer Senf · Pfeffer · 1 EL Olivenöl

1 Hähnchenschenkel von Haut und Knochen befreien und klein schneiden. Dann die Erbsen in
   kochendem Salzwasser ca. 2 Min. garen, abgießen und abtropfen lassen. Die Zwiebel schälen,
   halbieren und in Halbringe schneiden.
2 Von der Orange mit einem scharfen Messer die
   Schale samt der weißen Haut bis ins Fruchtfleisch abschneiden und die Orangenfilets aus
   den Trennhäuten herausschneiden, dabei den
   austretenden Saft auffangen.
3 Orangensaft, Essig, den Senf, Salz und Pfeffer
   in einer Schüssel verrühren und das Öl unterrühren. Hähnchenfleisch, Erbsen, Orangenfilets
   und Zwiebel dazugeben und vermengen. Salat
   mit Salz und Pfeffer abschmecken.

PUTENSCHNITZEL MIT ORANGENSAUCE UND PETERSILIENREIS

Putenschnitzel sind schnell zubereitet und angenehm mager. Lass dich überraschen, wie wunderbar harmonisch sich Orange und Petersilie hier ans zarte Fleisch schmiegen.

Zubereitung: ca. 20 Min.
Pro Portion: 600 kcal

50 g Basmati-Reis
Salz
1 Knoblauchzehe
1 kleine Zwiebel
1 große Bio-Orange
1 Putenschnitzel (ca. 150 g)
1 EL Sonnenblumenöl

Pfeffer
1 TL Mehl
5 EL trockener Weißwein
100 ml kräftige Geflügelbrühe
1 TL kalte Butter
1 Prise Zucker
1 EL TK-Petersilie (nach Belieben)

1 Den Reis in 150 ml kochendem Salzwasser so lange garen, bis er die Flüssigkeit aufgesogen hat und gar ist. Die Knoblauchzehe schälen und fein hacken. Zwiebel schälen und vierteln. Die Orange heiß waschen, abtrocknen und die Schale fein abreiben. Die Frucht halbieren und den Orangensaft auspressen.

2 Das Schnitzel mit Küchenpapier trocken tupfen und etwas flacher klopfen. Sonnenblumenöl in einer Pfanne erhitzen und das Schnitzel darin von beiden Seiten goldbraun braten, salzen und pfeffern. Das Schnitzel aus der Pfanne nehmen und auf einen Teller legen.

3 Nun Knoblauch und Zwiebel in das heiße Bratöl geben, kurz andünsten, mit Mehl bestäuben und dieses kurz anschwitzen.

4 Unter Rühren Orangensaft und -schale, Wein und Brühe zur Zwiebelmischung geben und aufkochen. Die Butter einrühren, die Sauce mit Salz, Pfeffer und Zucker würzen und nochmals aufkochen. Das Schnitzel samt Bratensaft in die Sauce geben und ca. 5 Min. darin ziehen lassen.

5 Nach Belieben die Petersilie unter den Reis heben und erwärmen. Putenschnitzel, Reis und Orangensauce auf einem Teller anrichten.

DAS KÜHLSCHRANK-ORAKEL ⊚

- **Fleisch:** Die Minutenschnitzel vom Schwein waren im Angebot? Kein Problem! Statt Putenschnitzel eignet sich auch Kurzgebratenes von Hähnchen und Schwein.
- **Reis:** Keinen Basmati-Reis im Haus? Langkornreis, Vollkornreis oder eine Wildreismischung schmecken auch sehr lecker.
- **Kräuter:** Die Petersilie im Reis kann durch Schnittlauch, Koriander oder Basilikum ersetzt werden. Wenn vom letzten »Tatort«-Abend noch ein paar gesalzene Pistazien übrig sind, dann unbedingt verwenden! Denn die peppen den Reis zusätzlich auf.

SPIN-OFF HÄHNCHENBRUSTFILET
UND GRÜNER SPARGEL

HÄHNCHENBRUST - EINKAUF

- Hähnchenbrustfilets werden in Supermärkten und Discountern häufig in Großpackungen angeboten. Zwei Filets sind mindestens in den Packungen, oft auch drei oder mehr.
- Hähnchenfleisch ist schnell verderblich und hält sich im Kühlschrank nur 1–2 Tage. Als Ein-Personen-Haushalt sollte man also die Filets möglichst schnell tiefkühlen.

HÄHNCHENBRUST TIEFKÜHLEN

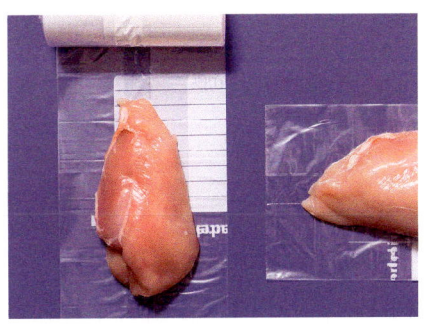

- Dazu die Filets mit kaltem Wasser abspülen, gut trocken tupfen, einzeln in je einen Gefrierbeutel geben, Luft in den Beuteln herausdrücken, diese verschließen und anschließend ins Tiefkühlfach legen.
- So können sie portionsweise bei Bedarf aufgetaut werden. Dazu die Filets dann am besten über Nacht im Kühlschrank auftauen lassen.

SPARGEL AUFBEWAHREN

- Ein ganzes Bund Spargel ist als Beilage zu üppig – also machen wir doch einfach zwei Mahlzeiten daraus. Anregungen dafür findest du auf den Seiten 140 und 141. Den übrigen Spargel dann in ein feuchtes Geschirrtuch einschlagen und im Kühlschrank aufbewahren.

HONIG-SESAM-HÄHNCHEN AUF SPARGEL-GEMÜSE

Hier lässt der Frühling grüßen! Zartes Hähnchen und feiner Spargel
sind zusammen auf einem Teller einfach unschlagbar.

Zubereitung: ca. 25 Min.
Pro Portion: 440 kcal

½ Hähnchenbrustfilet (ca. 90 g;
  frisch oder TK; längs halbiert)
2 EL Sonnenblumenöl
½ Bund grüner Spargel
1 kleine rote Paprika
1 Knoblauchzehe
1 EL Sojasauce
1 TL flüssiger Honig
½ TL heller Sesam (ersatzweise
  gehackte Cashewkerne)
Salz
Pfeffer
1 TL geröstetes Sesamöl

1 Das Hähnchenbrustfilet kalt abspülen, trocken
tupfen und längs halbieren. Dann 1 EL Öl
in einer Pfanne erhitzen und das Filet darin
ca. 12 Min. rundherum anbraten.

2 Inzwischen den Spargel waschen, unteres
Drittel schälen und die trockenen Enden
abschneiden. Spargelstangen schräg in Stücke
schneiden. Paprika waschen, halbieren, von
weißen Trennwänden und Kernen befreien und
in Streifen schneiden. Den Knoblauch schälen.

3 Sojasauce, Honig und Sesam in einer Schale
verrühren. Knoblauch dazupressen und das
Hähnchen damit bestreichen. Hähnchen auf
einen Teller legen und warm stellen.

4 Restliches Öl in der Pfanne erhitzen, das Gemüse darin ca. 5 Min. anbraten, mit Salz und
Pfeffer würzen, mit 100 ml Wasser ablöschen
und zugedeckt in 5–6 Min. bissfest garen.

5 Hähnchen mit Spargelgemüse auf einem Teller
anrichten. Das Gemüse mit Sesamöl beträufeln.

SAISON-TIPP ⌖

Auch wenn die Spargelsaison vorbei ist, brauchst
du auf das feine Hähnchen nicht verzichten. Den
Spargel kannst du an der Tauschbörse das ganze
Jahr über gegen Austernpilze oder vorgegarte
Mie-Nudeln wechseln. Im Winter schmecken
auch Brokkoliröschen, China- oder Spitzkohl
sowie Schwarzwurzeln ganz wunderbar als
Spargelersatz.

CHICKEN-BOWL MIT SPARGEL

Zubereitung: ca. 30 Min.
Pro Portion: 490 kcal

60 g Langkornreis · Salz
½ Hähnchenbrustfilet
(ca. 90 g; frisch oder TK)
1 EL Sonnenblumenöl
Pfeffer
½ Bund grüner Spargel
3 Kirschtomaten
1 Maracuja (ersatzweise
2 EL Maracujanektar)
3 EL Joghurt (3,5 % Fett)
1 Msp. mittelscharfer Senf
1 EL Sojasauce
1 Knoblauchzehe

1 Reis in 250 ml kochendem Salzwasser nach Packungsanweisung garen, dann vom Herd nehmen. Hähnchenbrustfilet kalt abspülen, trocken tupfen und in kleine Würfel schneiden.

2 Das Öl in einer Pfanne erhitzen und die Hähnchenwürfel darin in ca. 5 Min. goldbraun braten, dann mit Salz und Pfeffer würzen.

3 Den Spargel waschen, putzen und das untere Drittel schälen. Spargelstangen längs halbieren, in 3 cm lange Stücke schneiden und in wenig Salzwasser ca. 2 Min. garen, dann in ein Sieb abgießen und abtropfen lassen.

4 Tomaten waschen und halbieren. Die Maracuja halbieren und das Innere herauskratzen. Den Joghurt, Maracujafruchtfleisch, Senf und Soja- sauce in ein Schälchen geben und verrühren. Knoblauch schälen und dazupressen.

5 Den Reis in eine Schüssel geben und Hähn- chen, Spargel und Tomaten dekorativ darauf anrichten. Die Bowl mit Sauce beträufeln.

DAS KÜHLSCHRANK-ORAKEL ◎

- **Blattsalate:** Bowls leben von ihren unter- schiedlichen Zutaten. Besonders lecker und schüsseltauglich sind frische, grob gehackte Blattsalate, wie beispielsweise Rucola, Eich- blatt-, Römer- oder Eisbergsalat. Davon darfst du gerne ein paar knackige Blättchen mit in die Schüssel (Bowl) packen.

- **Low Carb:** Weniger Kohlenhydrate im Essen wären dir lieber? Dann ersetz den Reis einfach durch Gemüse wie z. B. Zucchinistreifen oder durch Konjaknudeln (Shirataki-Nudeln), die kohlenhydratfreie Pasta-Alternative.

- **Knusper-Topping:** Wer noch einen Salatkerne- mix oder Nüsse rumliegen hat, darf gerne noch 2 EL davon auf die Bowl streuen.

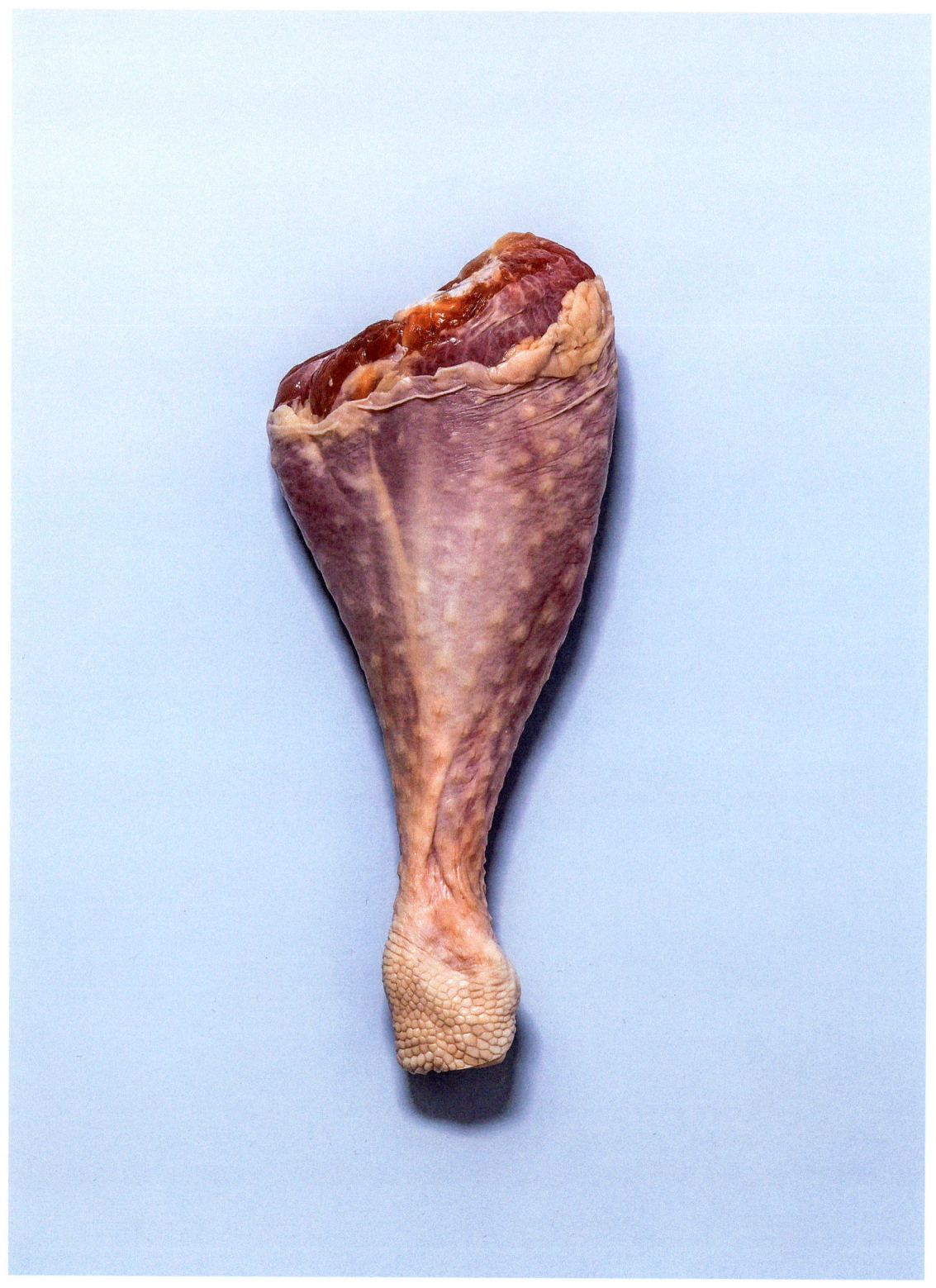

XL-PUTENKEULE

FÜR SINGLES

KEULE VORBEREITEN

- 1 Putenkeule (ohne Knochen; ca. 1 kg) kalt abspülen und trocken tupfen. 1 Zwiebel schälen und grob würfeln. 1 Knoblauchzehe schälen.
- 1 kleines Bund Thymian waschen und trocken schütteln. Zwiebel, Knoblauch, Thymian, 200 ml Weißwein, 2 Lorbeerblätter und die Keule in einen Gefrierbeutel geben, diesen verschließen, in eine Schüssel legen und die Keule über Nacht im Kühlschrank ziehen lassen.

KEULE ZUBEREITEN

- Keule trocken tupfen, salzen und pfeffern. 3 EL Öl in einem Bräter erhitzen und die Keule darin anbraten. Die Marinade angießen und die Keule ca. 1 Std. 45 Min. zugedeckt schmoren.
- Die Keule in Alufolie wickeln. Sud durch ein Sieb in einen Topf gießen. 150 ml Geflügelbrühe zugießen und die Sauce aufkochen. 200 g Sahne und 1 EL Speisestärke verrühren, in die kochende Sauce rühren, diese ca. 5 Min. offen köcheln lassen, dann salzen und pfeffern.

AUFBEWAHREN UND EINFRIEREN

- Dann von der Keule ein Viertel in Scheiben abschneiden und sofort verwenden. Übrigen Braten vollständig auskühlen lassen.
- Den restlichen Braten in drei Portionen teilen. Das Fleisch hält sich luftdicht verpackt im Kühlschrank 2–3 Tage, lässt sich aber auch prima einfrieren. Übrige Bratensauce bleibt 3 Tage im Kühlschrank frisch bzw. kann auch portionsweise eingefroren werden.

PUTENRAGOUT
MIT KARTOFFELPÜREE

Zubereitung: ca. 20 Min. · Pro Portion: 770 kcal

300 g mehligkochende Kartoffeln · Salz · 7 EL Milch ·
1 TL Butter · Pfeffer · 1 Portion geschmorte Puten-
keule und Sauce (Rezept s. S. 143)

1 Die Kartoffeln schälen, klein schneiden und in
  wenig Salzwasser in ca. 15 Min. weich garen.
  Kartoffeln abgießen, zusammen mit Milch und
  Butter zurück in den Topf geben und mit dem
  Kartoffelstampfer zermusen. Das Kartoffelpüree
  mit Salz und Pfeffer würzen.
2 Putenfleisch in Stücke schneiden, zusammen
  mit der Sauce in einen Topf geben und lang-
  sam erwärmen. Püree und Ragout auf einem
  Teller anrichten und genießen.

PUTE MIT
BOHNENGEMÜSE

Zubereitung: ca. 35 Min. · Pro Portion: 695 kcal

Salz · 150 g grüne TK-Bohnen · 1 Knoblauchzehe ·
100 g Kirschtomaten · 1 EL Olivenöl · 1 Portion geschmorte
Putenkeule und Sauce (Rezepte s. S. 143)

1 Reichlich Salzwasser in einem kleinen Topf zum
  Kochen bringen und die grünen Bohnen darin
  nach Packungsanweisung garen. Anschließend
  die bissfesten Bohnen in ein Sieb abgießen und
  sehr gut abtropfen lassen.
2 Die Knoblauchzehe schälen und hacken. Die
  Tomaten waschen und halbieren.
3 Das Olivenöl in einer Pfanne erhitzen. Knoblauch, Bohnen und Tomaten ins heiße Öl geben
  und unter Rühren ca. 2 Min. braten.

4 Putenfleisch und Sauce in einen Topf geben
  und sanft erhitzen. Fleisch und Sauce zusammen mit dem Bohnengemüse auf einem Teller
  anrichten und in vollen Zügen genießen.

GEFLÜGELSALAT MIT CRANBERRYS

Zubereitung: ca. 20 Min. · Pro Portion: 740 kcal

1 Portion geschmorte Putenkeule (s. S. 143) · 75 g Blattsalat (z. B. Römersalat) · 2 EL Walnusskerne · 1 TL Weißweinessig · 1 TL körniger Senf · 2 EL warme Gemüsebrühe · Salz · Pfeffer · 2 EL Olivenöl · 1 EL getrocknete Cranberrys

1 Putenfleisch grob hacken. Den Salat putzen, waschen und trocken schleudern.
2 Walnusskerne ohne Fett rösten und auskühlen lassen. Essig, Senf, Brühe, Salz und Pfeffer verquirlen. Zum Schluss das Olivenöl unterrühren.
3 Fleisch, Salat, Walnusskerne, die getrockneten Cranberrys und Vinaigrette locker vermengen. Salat auf einem Teller anrichten und genießen. Dazu schmeckt Baguette.

GEFLÜGEL-PIE

Zubereitung: ca. 20 Min. · Backzeit: ca. 25 Min. · Pro Portion: 895 kcal

2 Scheiben Blätterteig (75 g) · 1 Portion geschmorte Putenkeule und 5 EL Sauce (Rezept s. S. 143) · 20 g Parmesan · 1 Ei (M) · 2 EL TK-Erbsen · 1 EL TK-Gartenkräuter · Salz · Pfeffer

1 Den Backofen auf 200° vorheizen. Die Blätterteigplatten auftauen lassen. In dieser Zeit das Putenfleisch klein hacken und den Parmesan fein reiben. Ei und Bratensauce in einer Schüssel glatt verrühren. Erbsen, Parmesan und Kräuter untermischen. Das Fleisch unterheben. Masse mit Salz und Pfeffer würzen.
2 Eine kleine Pieform (ca. 15 cm Ø) mit Blätterteig auskleiden. Anschließend die Füllung auf den Teigboden in der Form füllen. Überstehenden Blätterteig abschneiden, zu einem Deckel ausrollen und auf den Pie legen.
3 Pie im heißen Backofen (2. Schiene von unten) in 20–25 Min. goldbraun backen. Pie aus dem Ofen nehmen und vor dem Anschneiden kurz ruhen lassen. Dazu schmecken ein knackiger Blattsalat und ein Glas Weißwein wunderbar.

RISOTTO MIT GARNELEN UND HÄHNCHEN

Hier stand das berühmte amerikanische Steakhouse-Gericht »Surf and Turf« Pate. Kombiniert wird dazu klassischerweise Fleisch mit Meeresfrüchten.

Zubereitung: ca. 35 Min.
Pro Portion: 990 kcal

100 g Hähnchenbrustfilet
5 küchenfertige Garnelen (ohne Schale)
1 Knoblauchzehe
1 kleine Zwiebel
2 EL Olivenöl
100 g Risotto-Reis
50 ml trockener Weißwein

300 ml heißer Gemüsefond
50 g TK-Erbsen
30 g Parmesan
1 EL Butter
Salz
Pfeffer

1 Das Hähnchenbrustfilet kalt abspülen, trocken tupfen und in kleine Stücke schneiden. Die Garnelen waschen und trocken tupfen. Knoblauch und Zwiebel schälen. Den Knoblauch hacken, die Zwiebel in kleine Würfel schneiden.

2 Das Olivenöl in einem Topf erhitzen und darin die Garnelen ca. 2 Min. anbraten, dann aus dem Topf nehmen und auf einen Teller legen. Nun die Hähnchenstücke in den Topf geben, in ca. 4 Min. rundherum anbraten und zu den Garnelen auf den Teller geben.

3 Knoblauch und Zwiebel in den Topf geben und im heißen Bratfett andünsten. Reis zugeben und darin glasig dünsten. Die Reismischung unter Rühren mit dem Weißwein ablöschen und diesen vollständig einkochen lassen.

4 Anschließend den Fond portionsweise unterrühren. Immer erst etwas Fond dazugeben, wenn dieser beinahe vollständig vom Reis aufgesogen wurde. Mit der letzten Fondportion die Erbsen zum Risotto geben und mitgaren. Den Parmesan reiben. Butter und Parmesan zum Risotto geben und einrühren.

5 Hähnchenwürfel und Garnelen zum Reis geben und darin erwärmen. Risotto noch mal mit Salz und Pfeffer abschmecken, auf einem Teller anrichten und genießen.

DAS KÜHLSCHRANK-ORAKEL ☉

- **Mare e monti:** Was für den Amerikaner »Surf and Turf« ist, nennt der Italiener »mare e monti« und ganz oft kombiniert er dann Garnelen fürs Meer und Pilze für die Berge. Geht hier beim Risotto auch. Garnelen und Pilze separat in etwas Olivenöl anbraten und zum Schluss zum Risotto geben.

- **Meeresfrüchte:** Anstelle der Garnelen passen auch Muscheln sehr gut in diese Kombination.

- **Paella:** Du hast noch eine kleine Paprikaschote im Haus? Dann schneide sie in kleine Würfel. Brate mit Zwiebel und Knoblauch noch einen Klecks Tomatenmark an und bereite den Risotto wie im Rezept beschrieben zu. Gib die klein gewürfelte Paprika 5 Min. vor Garzeitende mit in den Topf und der Risotto mutiert zur spanischen Paella. Den Parmesan kannst du dann auch gerne weglassen.

GARNELEN-CHILI

Chili mal ganz edel! Garnelen und feine Prinzessbohnen geben diesem Gericht besondere Raffinesse. Mit dem mexikanischen Klassiker Chili con carne hat es aber doch eine Gemeinsamkeit: Es schmeckt mindestens genauso lecker.

Zubereitung: ca. 35 Min.
Pro Portion: 430 kcal

1 Möhre
1 kleine gelbe Paprika
1 große Tomate
50 g grüne TK-Bohnen
Salz
1 Knoblauchzehe

100 g geschälte rohe Riesengarnelen
2 EL Olivenöl
Cayennepfeffer
1 kleine Dose Kidneybohnen
(70 g Abtropfgewicht)

1 Die Möhre putzen, schälen und in dünne Scheiben schneiden. Die Paprika waschen, von Trennwänden und Kernen befreien und dann in dünne Streifen schneiden. Tomate waschen, vom Stielansatz befreien und klein würfeln.

2 Grüne Bohnen in kochendem Salzwasser nach Packungsanweisung garen. Möhren zugeben und ca. 2 Min. mitgaren. Das Gemüse abgießen und abtropfen lassen. Knoblauch schälen und fein hacken. Die Garnelen kalt abspülen und mit Küchenpapier trocken tupfen.

3 Öl in einer Pfanne erhitzen und die Garnelen darin ca. 1 Min. unter Wenden braten, dann aus der Pfanne nehmen und auf einen Teller legen. Paprika in die heiße Pfanne geben und kräftig anbraten. Knoblauch hinzufügen und kurz mitbraten. Tomate zugeben und andünsten. 100 ml Wasser zugießen, die Sauce aufkochen und mit Salz und Cayennepfeffer würzen.

4 Die Kidneybohnen in ein Sieb abgießen, abspülen und abtropfen lassen. Kidneybohnen und Garnelen zur Paprika-Tomaten-Mischung geben. Gekochtes Gemüse ebenfalls zugeben, unterheben und darin erhitzen. Garnelen-Chili mit Salz und Cayennepfeffer abschmecken. Dazu schmeckt Sour Cream.

PLAN-B-TIPP ⇄

Für ein klassisches Chili con carne 1 EL Olivenöl in einem Topf erhitzen und 100 g Rinderhackfleisch darin krümelig anbraten. Jeweils 1 gewürfelte Knoblauchzehe und kleine Zwiebel dazugeben und mit andünsten. 1 TL Tomatenmark dazugeben und kurz anrösten. Dann die Paprikastreifen, die Tomatenwürfel und 100 ml Wasser dazugeben. Das Chili con carne mit Salz, Cayennepfeffer und Kreuzkümmel würzen und 15 Min. bei niedriger Hitze köcheln lassen. 70 g abgespülte, abgetropfte Kidneybohnen aus der Dose nach der Garzeit zum Chili geben und darin erhitzen. Das Chili nochmals mit den Gewürzen abschmecken und nach Belieben mit einem Klecks Schmand getoppt genießen.

CAJUN-NUDELTORTILLA
MIT BACON

Typisch für die Cajun-Küche sind deftige Gerichte mit aromatischen Gewürzen. Die Tortilla mit Kräutern, Kreuzkümmel und krossem Speck passt also perfekt ins Konzept.

Zubereitung: ca. 20 Min.
Pro Portion: 730 kcal

65 g Vollkornnudeln (z. B. Spirelli)
Salz
1 EL Olivenöl
2 Scheiben Bacon
3 Eier

Pfeffer
1 EL TK-Petersilie
1 Msp. gemahlener Kreuzkümmel
½ TL getrockneter Thymian
25 g Cheddar

1 Die Nudeln in kochendem Salzwasser nach Packungsanweisung bissfest garen, dann in ein Sieb abgießen und abtropfen lassen.

2 Das Öl in einer Pfanne erhitzen, den Bacon darin von beiden Seiten knusprig auslassen und auf Küchenpapier abtropfen lassen.

3 Die Nudeln in das heiße Speckfett geben und unter Wenden ca. 3 Min. anbraten.

4 Eier, Salz, Pfeffer, Petersilie, Kreuzkümmel und Thymian in einen Rührbecher geben und verquirlen. Die Eiermasse über die Nudeln geben.

5 Cheddar grob reiben und auf der Nudel-Tortilla verteilen. Tortilla bei niedriger Hitze zugedeckt stocken lassen. Bacon in Stücke brechen und die fertige Tortilla damit bestreuen.

HAPPY TO-GO-TIPP ⌣

Die Tortilla ist ein perfekter Lunch fürs Büro. Wenn sie kalt geworden ist, schneidest du sie einfach in mundgerechte Würfel – so wie den Klassiker aus Spanien – und verpackst sie in einer Brotzeitdose. Damit der Speck knusprig bleibt, kommt er separat in eine Dose.
Eine Hälfte der Tortilla hast du schon verspeist? Dann mach dir fürs Büro ein Tortilla-Sandwich. Pack die übrige Hälfte zusammen mit ein paar Salatblättern und Tomatenscheiben zwischen Sandwich-Toastscheiben und fixier diese mit Holzzahnstochern. Einpacken, fertig!

SPIN-OFF FISCH UND KARTOFFELPÜREE

FRISCHER FISCH

- Fisch ist eine schnell verderbliche Ware und sollte nur absolut frisch in der Küche Verwendung finden. Fischfilets sind noch schneller zu verbrauchen als ganze Portionsfische, wie z. B. Doraden oder Forellen.
- Vor allem im Sommer solltest du mit Kühltasche inklusive Kühlakkus zum Fischeinkauf losziehen und auch zu Hause die Kühlkette möglichst nicht unterbrechen.

FISCH AUFBEWAHREN

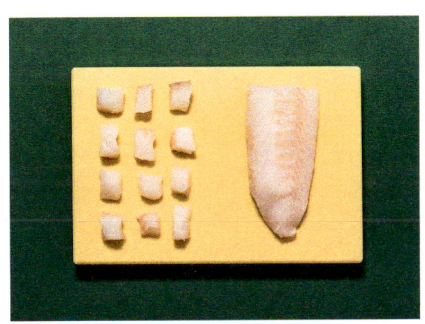

- Nach dem Kauf sollte frischer Fisch möglichst schnell verbraucht bzw. höchstens 1 Tag im Kühlschrank aufbewahrt werden.
- Wenn er nicht verarbeitet werden kann, sollte Fisch eingefroren werden. Dazu den Fisch waschen, gut trocken tupfen, in Gefrierbeutel geben, Luft in den Beuteln herausdrücken, diese verschließen und den Fisch tiefkühlen.

KARTOFFELPÜREE

- Selbst gemachtes Kartoffelpüree schmeckt viel besser als die Instant-Variante. Und damit sich der Aufwand auch lohnt, machst du am besten gleich die doppelte Portion. Das Prinzip einmal kochen, zweimal essen funktioniert mit den beiden folgenden Rezepten par excellence.
- Für extrafluffiges Püree die Kartoffeln niemals mit dem Pürierstab zermusen! Das macht den Brei pappig. Eine Gabel, eine Kartoffelpresse oder einen Kartoffelstampfer verwenden.

FISCH IN TOMATENSAHNE MIT KARTOFFELPÜREE

Fisch muss nicht immer paniert und in viel Fett gebraten werden – als leichtes Ragout oder in den selbst gemachten Fischfrikadellen ist das feine Fleisch auch für figurbewusste Genießer ein Volltreffer.

Zubereitung: ca. 30 Min.
Pro Portion: 625 kcal

400 g mehligkochende Kartoffeln
Salz
300 g Kabeljaufilet
1 kleine Schalotte
1 große Tomate
2 EL Butter
Pfeffer
5 EL trockener Weißwein
150 g Fischfond
1 TL Mehl
5 EL Sahne (ersatzweise Milch)
1 TL Tomatenmark
1 Msp. getrockneter Thymian
100 ml Milch
frisch geriebene Muskatnuss

1 Die Kartoffeln schälen, waschen, in mundgerechte Stücke schneiden und in reichlich Salzwasser in ca. 20 Min. garen.

2 Das Kabeljaufilet kalt abspülen, trocken tupfen, auf Gräten untersuchen und eventuell vorhandene mit einer Pinzette entfernen. Das Filet in Würfel schneiden. Die Schalotte schälen und fein würfeln. Die Tomate waschen, vom Stielansatz befreien und fein würfeln.

3 In einer Pfanne 1 EL Butter erhitzen und die Schalottenwürfel darin andünsten. Fischwürfel zugeben und ca. 5 Min. unter gelegentlichem Wenden bei niedriger Hitze zugedeckt braten. Fischwürfel mit Salz und Pfeffer würzen, dann aus der Pfanne auf einen Teller heben.

4 Anschließend die Tomatenwürfel in das heiße Bratfett in der Pfanne geben und mit Salz und Pfeffer würzen. Den Weißwein und den Fischfond zu den Tomatenwürfeln in die Pfanne geben und die Sauce zum Kochen bringen.

5 Mehl, Sahne und Tomatenmark mit einem Schneebesen glatt verrühren und unter Rühren in die Pfanne geben. Die Sauce mit Thymian würzen und ca. 3 Min. offen köcheln lassen.

6 Kartoffeln abgießen und zurück in den Topf geben. Restliche Butter und die Milch zu den Kartoffeln geben und den Topfinhalt mit einem Kartoffelstampfer zu Püree zerstampfen oder alles fein mit einer Gabel zerdrücken. Das Püree mit Salz, Pfeffer und 1 Prise Muskat würzen.

7 Die Hälfte der Fischwürfel zur Sauce geben und darin erhitzen. Fischragout mit Salz und Pfeffer abschmecken und mit der Hälfte des Pürees auf einem Teller anrichten. Übriges Kartoffelpüree und die übrigen gegarten Fischwürfel zugedeckt in den Kühlschrank stellen und für die Fischfrikadellen (Rezept s. S. 155) verwenden.

Am nächsten Tag gibt's...

FISCHFRIKADELLEN MIT GURKENSALAT

Zubereitung: ca. 25 Min.
Pro Portion: 705 kcal

½ Portion gegarte Fischwürfel
    (Rezept s. S. 154)
½ Portion Kartoffelpüree
    (Rezept s. S. 154)
1 Eigelb
1 TL mittelscharfer Senf
1 gehäufter TL Speisestärke
1 EL TK-Schnittlauch
Salz
Pfeffer
2 EL Olivenöl
2 Mini-Gurken
1 TL Zitronensaft
2 EL warme Gemüsebrühe
1 TL Sonnenblumenöl

1 Gegarte Fischwürfel in eine Rührschüssel geben und mit einer Gabel zerkleinern. Kartoffelpüree, Eigelb, Senf und Speisestärke dazugeben und die Zutaten in der Rührschüssel sorgfältig verkneten. Anschließend den Schnittlauch unter die Kartoffelmasse kneten. Kartoffelmasse mit Salz und Pfeffer würzen und mit angefeuchteten Händen zu drei Frikadellen formen.

2 Das Olivenöl in einer beschichteten Pfanne erhitzen und die Frikadellen darin bei niedriger Hitze ca. 12 Min. von beiden Seiten braten.

3 Inzwischen für den Salat die Gurken schälen und in dünne Scheiben hobeln oder schneiden. Zitronensaft, Brühe, Salz und Pfeffer in eine kleine Salatschüssel geben und verrühren, dann das Öl unterrühren. Die Gurkenscheiben mit der Vinaigrette vermengen. Fischfrikadellen mit dem Gurkensalat auf einem Teller anrichten.

HAPPY TO-GO-TIPP :)

Die Fischküchlein schmecken auch kalt. Zum Mitnehmen ins Büro Küchlein und Salat separat in dichtschließende Boxen packen. Dem Salat macht es auch überhaupt nichts aus, wenn er über Nacht noch so richtig durchziehen kann. Meal Prep vom Feinsten also. Denn wenn du magst, kannst du gleich nachdem du den Fisch in Tomatensahne (s. S. 154) verspeist hast, die Frikadellen für den nächsten Tag zubereiten.

REGISTER DER REZEPTE UND HAUPTZUTATEN

REGISTER DER REZEPTE UND HAUPTZUTATEN

APPETIT AUF MEHR?

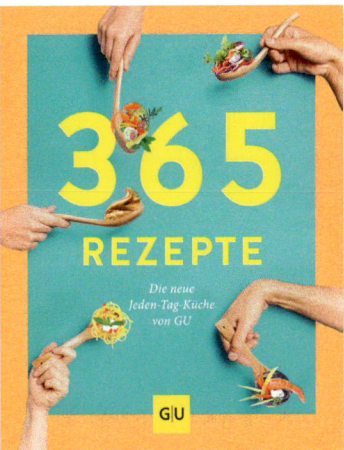
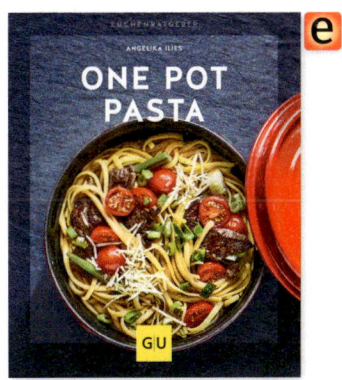

IMPRESSUM

DIE AUTORIN

Ira König ist Umwelt- und Gesundheitspädagogin und seit vielen Jahren als Redakteurin, freie Foodjournalistin und Autorin in Sachen Kochen & Verwöhnen tätig. Bei GU ist zuletzt von ihr *The Big Bowling* erschienen.
www.irakoenig.de

DIE FOTOGRAFIN

Vivi D'Angelo hegt eine Leidenschaft für gutes Essen und hat ein Händchen dafür, jedes Gericht im besten Licht zu präsentieren. Für die *Happy Singleküche* hat sie zusammen mit **Justyna Dembowski** (Visual Concept und Prop-Styling) und **Ana Novais** (Foodstyling) alle Glücklichmacher-Rezepte kreativ in Szene gesetzt.
www.vividangelo.com

Bildnachweis:
Cover: Silvio Knezevic; alle anderen: Vivi D'Angelo

Titelrezept:
Honig-Sesam-Hähnchen auf Spargel-Gemüse (S. 140)

Syndication: www.seasons.agency

Konzept und Projektleitung: Alessandra Redies

Lektorat: Cora Wetzstein

Korrektorat: Waltraud Schmidt

Gesamtgestaltung: independent Medien-Design, München: Horst Moser (Artdirection), Svenja Wamser

Herstellung: Petra Roth

Satz: Knipping Werbung GmbH, Berg am Starnberger See

Reproduktion: Longo AG, Bozen

Druck und Bindung: Firmengruppe APPL, aprinta druck, Wemding

ISBN 978-3-8338-6882-5
1. Auflage 2019

LIEBE LESERINNEN UND LESER,

wir wollen Ihnen mit diesem Buch Informationen und Anregungen geben, um Ihnen das Leben zu erleichtern oder Sie zu inspirieren, Neues auszuprobieren. Wir achten bei der Erstellung unserer Bücher auf Aktualität und stellen höchste Ansprüche an Inhalt und Gestaltung. Alle Anleitungen und Rezepte werden von unseren Autoren, jeweils Experten auf ihrem Gebiet, gewissenhaft erstellt und von unseren Redakteuren/innen mit größter Sorgfalt ausgewählt und geprüft.

Haben wir Ihre Erwartungen erfüllt? Sind Sie mit diesem Buch und seinen Inhalten zufrieden? Haben Sie weitere Fragen zu diesem Thema? Wir freuen uns auf Ihre Rückmeldung, auf Lob, Kritik und Anregungen, damit wir für Sie immer besser werden können. Und wir freuen uns, wenn Sie diesen Titel weiterempfehlen, in Ihrem Freundeskreis oder online.

Sollten wir Ihre Erwartungen so gar nicht erfüllt haben, tauschen wir Ihnen Ihr Buch jederzeit gegen ein gleichwertiges zum gleichen oder ähnlichen Thema um.

KONTAKT
GRÄFE UND UNZER VERLAG
Leserservice
Postfach 86 03 13
81630 München
E-Mail: leserservice@graefe-und-unzer.de

Telefon: 0 08 00 / 72 37 33 33*
Telefax: 0 08 00 / 50 12 05 44*
Mo – Do: 9.00 – 17.00 Uhr
Fr: 9.00 – 16.00 Uhr (*gebührenfrei in D,A,CH)

 www.facebook.com/gu.verlag

GRÄFE UND UNZER

Ein Unternehmen der
GANSKE VERLAGSGRUPPE